21世纪全国高职高专旅游系列规划教材

会展策划

主　编　高　跃
副主编　戴　茹　肖　敏
　　　　谢红芹

内 容 简 介

本书根据教育部全国高职高专人才培养工作委员会颁发的关于高职高专人才培养方案的指导意见编写而成，并充分考虑了旅游行业的变化和发展的需要。全书由展览会策划、会议策划和活动策划三个项目组成。

本书以项目为载体，打破传统的理论教学内容体系，重新选取和组织了教学内容，使之能够为项目教学提供更好的服务。本书涉及的教学内容十分丰富，案例的选取满足了适量、适时、合理、典型等特点，项目和项目之间既独立又相互关联，既有相同点也有不同点，项目中的工作任务是以策划工作流程为基准而进行设计的。

本书既可作为高职高专旅游等相关专业的教材，也可以作为在职员工的培训用书。

图书在版编目(CIP)数据

会展策划/高跃主编．—北京：北京大学出版社，2014.7
（21世纪全国高职高专旅游系列规划教材）
ISBN 978-7-301-24396-1

Ⅰ. ①会… Ⅱ. ①高… Ⅲ. ①展览会—策划—高等职业教育—教材 Ⅳ. ①G245

中国版本图书馆 CIP 数据核字(2014)第 134499 号

书 名：	会展策划
著作责任者：	高 跃 主编
策 划 编 辑：	刘国明
责 任 编 辑：	刘国明
标 准 书 号：	ISBN 978-7-301-24396-1/F·3974
出 版 发 行：	北京大学出版社
地 址：	北京市海淀区成府路 205 号　100871
网 址：	http://www.pup.cn　新浪官方微博:@北京大学出版社
电 子 信 箱：	pup_6@163.com
电 话：	邮购部 62752015　发行部 62750672　编辑部 62750667　出版部 62754962
印 刷 者：	三河市博文印刷有限公司
经 销 者：	新华书店
	787 毫米×1092 毫米　16 开本　11.75 印张　270 千字
	2014 年 7 月第 1 版　2016 年 8 月第 2 次印刷
定 价：	28.00 元

未经许可，不得以任何方式复制或抄袭本书之部分或全部内容。

版权所有，侵权必究

举报电话：010-62752024　电子信箱：fd@pup.pku.edu.cn

前 言

会展策划是一项系统工程，在会展策划过程中要综合考虑多种因素，如政策法规、行业背景、旅游、交通、物流、营销等因素。会展活动本身就是项目活动，每一个项目的开展都要遵循立项、策划到效果评估的过程，所以本书在传统理论知识体系的基础上，以项目为载体，根据不同项目的需要，重新整合了理论知识，使理论知识为项目服务。

本书的设计思路是以高职类学生的教育和发展为前提，依托当地会展经济形态和会展人才需求状况，以培养学生的职业能力为主线，通过教学设计来模拟会展策划师这个工作岗位，从而介绍不同会展活动的策划流程。

本书以项目为载体，打破传统的理论教学内容体系，重新选取和组织了教学内容，使之能够为项目教学提供更好的服务。本书涉及的教学内容十分丰富，项目和项目之间既独立又关联，既有相同点也有异同点，并将理论知识穿插到项目实施过程中。本书的结构和内容选取合理，各章节以工作流程为基准进行编排。在每个项目结束后都有若干个案例进行支撑，对前面讲述的理论知识进行详解。本书的案例选取具有适量、适时、合理、典型等特点。

本书由3个项目组成，分别为：项目1展览会策划；项目2会议策划；项目3活动策划。主编高跃负责整本书的编写，戴茹、肖敏、谢红芹负责审核。

本书在编写过程中借鉴了国内同仁的有关资料，在此一并表示感谢。

由于编者水平有限，书中难免有不妥之处，敬请读者批评指正。

编　者

2014年5月

目 录

1 展览会策划 ······ 1

任务1.1 展览会项目调研 ······ 5
课后练习题 ······ 11

任务1.2 展览会立项的可行性分析 ······ 12
1.2.1 市场环境分析 ······ 12
1.2.2 展览会成本收入预测 ······ 17
1.2.3 展览会盈亏平衡分析 ······ 19
课后练习题 ······ 20

任务1.3 展览会策划的基本内容 ······ 20
1.3.1 关于展览会的概念 ······ 21
1.3.2 常见的参展目标 ······ 22
1.3.3 制定参展目标常见的问题 ······ 23
1.3.4 会展主题的概念与类型 ······ 25
1.3.5 会展主题的确定与选择 ······ 27
1.3.6 会展主题实例 ······ 28
课后练习题 ······ 34

任务1.4 展览会招展策划 ······ 34
1.4.1 招展方案的基本内容 ······ 34
1.4.2 招展分工 ······ 35
1.4.3 招展代理 ······ 36
1.4.4 招展宣传推广 ······ 38
1.4.5 招展预算 ······ 38
1.4.6 招展进度计划 ······ 39
课后练习题 ······ 39

任务1.5 展览会招商策划 ······ 40
1.5.1 展览会招商方案的基本内容 ······ 40
1.5.2 招商分工 ······ 41
1.5.3 招商渠道 ······ 42
1.5.4 招商宣传推广 ······ 42
1.5.5 招商预算 ······ 43
1.5.6 招商进度计划 ······ 45
课后练习题 ······ 45

任务1.6 展览会整体宣传推广计划 ······ 46
1.6.1 展览会整体宣传推广的特点 ······ 46
1.6.2 制订展览会整体宣传推广计划的步骤 ······ 48
1.6.3 展览会整体宣传推广计划的内容 ······ 49
1.6.4 展览会整体宣传推广实施计划 ······ 51
课后练习题 ······ 64

任务1.7 展览会案例精析 ······ 64
1.7.1 2005日本爱知世界博览会 ······ 64
1.7.2 平遥国际摄影大展 ······ 76
课后练习题 ······ 84

项目小结 ······ 84

2 会议策划 ······ 85

任务2.1 会议的一般流程 ······ 86
课后练习题 ······ 94

任务2.2 会议的种类 ······ 94
2.2.1 行业会议 ······ 95
2.2.2 技术交流会 ······ 96
2.2.3 专业研讨会 ······ 97
2.2.4 产品发布会 ······ 98
2.2.5 产品推介会 ······ 99
2.2.6 投资洽谈会 ······ 99
课后练习题 ······ 100

任务2.3 会议接待 ······ 100
2.3.1 会议接待的含义 ······ 101
2.3.2 会议接待方案策划 ······ 101
课后练习题 ······ 109

任务2.4 典型的会议策划案例 ······ 110
2.4.1 一日会议的策划方案 ······ 110
2.4.2 简便的三日会议策划方案 ······ 113
课后练习题 ······ 116

任务2.5 会议总结 ······ 116
课后练习题 ······ 117

任务2.6 会议经典案例精析 ······ 117
课后练习题 ······ 126

项目小结 ······ 126

3 活动策划 ……………………… 127

任务3.1 会展相关活动策划的作用与原则 ……………………… 128
- 3.1.1 举办展览会相关活动的作用 …………………… 129
- 3.1.2 举办会展相关活动的原则 ……………………… 130
- 课后练习题 …………………… 130

任务3.2 会展相关活动的种类与策划 … 131
- 3.2.1 开/闭幕式及开/闭幕酒会 ……………………… 131
- 3.2.2 论坛、专业研讨会、行业峰会和技术交流会 …… 136
- 3.2.3 产品发布会和产品推介会 … 144
- 3.2.4 评奖活动 ………………… 146
- 3.2.5 表演、比赛及其他相关娱乐活动 ……………… 147
- 课后练习题 …………………… 154

任务3.3 活动经典案例精析 ………… 154
- 3.3.1 中国广告节 ……………… 154
- 3.3.2 《云南映象》掀起的云南影响 …………………… 162
- 3.3.3 CCTV青年歌手大奖赛 …… 171
- 课后练习题 …………………… 177

项目小结 ………………………………… 178

参考文献 ……………………………… 179

1

展览会策划

项目描述

本项目主要学习展览会策划的可行性分析及展会策划的主要内容。其知识目标是了解展览会的立项方案的策划及主要内容的策划。其能力目标是根据实际情况运用所学知识进行展览会立项方案的策划及主要内容的策划；通过策划内容的学习应掌握信息搜索能力、文字分析能力、文字运用处理能力、逻辑分析能力、知识迁移能力、创新能力、语言组织能力及自主学习等社会能力。

第三届全国会展策划大赛高职高专组一等奖作品
2012长春东北土特产展销会项目调研报告

宏观市场分析

1. 地理环境分析

（1）地形：长春，吉林省省会，全省政治、经济、文化、科技和交通中心，中国区域性中心城市之一，中国建成区面积和建成区人口第九大城市，中国特大城市之一。长春是中国农业最发达的地区，地处世界三大黄金玉米带——吉林黄金玉米带的核心区域。

长春平原（东北中部平原）是世界著名的"黑土地之乡"，农业生产条件得天独厚。多年来，吉林省粮食商品率、人均粮食占有量居全国第一位。长春的交通以航空和铁路为主，全国主要铁路干线京哈线贯穿吉林南北。

（2）气候：受纬度、海陆位置、地势等因素的影响，东北属大陆性季风型气候。对建成全国性的大型农业（粮豆、甜菜等）基地、特产基地提供了条件。

（3）经济：2010年全省实现地区生产总值（GDP）8577.06亿元，按常住人口计算，当年全省人均GDP达到31306元；按可比价格计算，其中，第一产业实现增加值1050.15亿元；第二产业实现增加值4417.39亿元；第三产业实现增加值3109.52亿元。

会展火爆、百业受益。1999年以来，长春市会展经济进入了快速发展阶段，以"汽博会""农博会""电影节""教育展""雕塑展""冰雪旅游节"等几大展会为代表的会展活动不断兴起，使长春会展经济取得了长足的发展。"十五"以来，平均以近30%的幅度递增。据统计，"十五"期间，长春市共举办各类展会活动400余项，实现会展业直接收入近24亿元，带动相关产业收入200多亿。

2. 人文环境

（1）东北人豪爽耿直、热情好客、喜欢送礼，东北特产的人参、鹿茸等都是人们非常喜欢的礼品。

（2）人们非常注重养生，而东北的土特产有非常高的营养价值和药物价值，所以深受人们的喜爱。

3. 物质文化水平

据统计，东北人支出占收入的50%以上。

4. 政策法规

（1）2008~2011年长春共举办了70个展会。

(2) 长春成立了会展管理工作办公室,是全国设置专门会展管理机构的九个城市之一。同时,加大了对会展基础设施的投入。1996 年投入上亿元资金改造建成了长春市国际展览中心。2001 年又斥资 7 亿元,建设了现代化、国际化、标准化的长春国际会展中心。为了鼓励全市各方面争取或创办展会,规定:凡在长春举办的全国性或重要的国际性展会,市财政给予一定的补贴。

微观市场分析

1. 社会公众

(1) 人口:2010 年长春户籍总人口 7900867 人(第六次全国人口普查),实际居住人口超过一千万(11196648 人),其中外来和流动人口达到三百多万(3295781 人)。

(2) 人口年龄比例(中国统计年鉴 2010)。

地区	人口数(人)	0~14 岁	15~64 岁	65 岁以上
辽宁	38429	4243	29767	4429
吉林	24349	2963	19222	2164
黑龙江	34065	4202	26913	2951

2. 目标客户

参展商数量调查:在东北销售东北特产的企业有很多,大部分都以经过加工的商品形式出售。大体分为:食用菌、医药、保养食品、饮料、植物原药材、保健食品等。

(1) 通过 114 网络查询企业按地区筛选如下:吉林(71)、黑龙江(34)、辽宁(26)、广东(14)、北京(7)、河北(5)、上海(5)、江苏(4)、浙江(4)、安徽(3)、河南(3)、山东(3)、天津(2)、山西(2)、福建(2)、湖南(2)、内蒙古(1)、江西(1)、贵州(1)。其中全国销售特产企业中东北企业占 70%。

(2) 通过淘宝网调查东北土特产的卖家数量和产品数量,调查结果如下。

① 共搜索到 63829 件宝贝。

② 所有店铺 2256 家。

(3) 鹿产品(9 家 151 件)。

① 吉林省:长春、通化、白山、辽源。

② 黑龙江:哈尔滨、伊春、大兴安岭、鹤岗。

③ 辽宁:鞍山。

(4) 山野菜(10 家 467 件)。

① 吉林:延边、白山、通化。

②黑龙江：绥化、伊春、牡丹江。

③辽宁：抚顺、本溪。

(5) 坚果杂货（25家3171件）。

①黑龙江：哈尔滨、牡丹江、佳木斯、白山、伊春、黑河、鹤岗、双鸭山、鸡西。

②吉林：长春、通化、梅河、延吉、辽源、四平、珲春。

③辽宁：沈阳、丹东、大连、铁岭、抚顺。

(6) 人参产品类（153家8234件）。

①吉林：白山、延边、通化、辽源、四平、梅河、珲春。

②黑龙江：哈尔滨、双鸭山、大庆、牡丹江、鸡西、佳木斯。

③辽宁：沈阳、丹东、本溪、铁岭、抚顺、大连、营口。

(7) 食用菌（8家668件）。

①黑龙江：哈尔滨、伊春、鹤岗、齐齐哈尔、佳木斯、七台河、大兴安岭、鸡西、大庆、牡丹江、绥化、双鸭山。

②吉林：长春、通化、梅河、延吉、辽源、珲春、白山。

(8) 滋补胶囊（62件）。

①吉林：长春、白山、通化、梅河、珲春、延吉。

②黑龙江：牡丹江、伊春、哈尔滨、双鸭山、大庆、佳木斯、鸡西。

③辽宁：沈阳。

(9) 五谷杂粮类（17家2602件）。

①黑龙江：绥化、佳木斯、牡丹江、北安、哈尔滨、七台河、齐齐哈尔、黑河。

②辽宁：锦州、丹东、朝阳、大连、锦州、沈阳、辽阳。

③吉林：四平、长春、通化、梅河、松原、珲春、延吉。

3. 辽宁西风

辽宁西风拥有东北三省最大的土特产交易中心，占地面积10万平方米，年交易金额高达80亿元，经销商达1000多家，如图1-1所示。

图1-1 辽宁西风土特产交易中心

1 展览会策划

任务1.1 展览会项目调研

学习目标

知识目标：了解展会在前期（可行性分析阶段）的市场调研类型。
能力目标：掌握前期市场调研的具体内容，为展会设计前期市场调研形式和内容。
素质目标：培养学生拥有拼搏进取和惜时守信的意识。

1. 为会展组办方提供会展策划必要资讯的调研

展览会的内容和形式多种多样，一般可以分为如下几种：①行业展，如电子展、轻工展、食品展、石化展、汽车展、纺织服装展、建材展、房产展等。行业展中目前发展较成熟且在国内外影响较大的，如北京国际机床展、上海国际汽车展、大连国际服装节等。②商贸洽谈会，如有"中国第一展览会"之称的"广交会"等。③艺术文化展，如全国美术展、中国艺术节等。④博览会，如BIE的专业博览会——昆明世界园艺博览会，注册博览会——2010年上海世界博览会等。

展览会的类别和目的不同，其组办方的构成也多有不同。行业展与商贸洽谈会多是由政府职能部门牵头，行业协会参与组织，由专业会展公司执行实现的展览会类型。行业展和商贸洽谈会往往担负重要的商业职能，要尽可能多地实现直接经济效益。因此，会展组办方所需要的基础资讯主要集中于参展商的数量、级别、性质、需求等。多数行业展和商贸洽谈会都是定期举行。因此，组办方对参展的满意程度、相关要求也非常在意。一些会展承办机构如专业会展公司、现场服务公司为了获取这些重要资讯，一般采用自行收集的方法。不过，一旦展览会规模庞大，专业会展公司常常无法驾驭专业的调研任务。因此，专业的市场调查行业的协助便成为必需。

为了成功举办展览会，组办方必须自行完成或委托完成一些基本调查，主要包括以下几个方面。

（1）项目调研。项目调研即为了解决选择什么样的项目作为城市发展展览会展业基点的调研。此类调研必须全面了解本地、本区域的经济结构、产业结构、地理位置、交通状况、展馆条件等因素，优先考虑本区域的优势产业、主导产业、重点发展的行业、政府扶植的行业，具体分析行业市场状况，摸清行业归属；分析办展资源，如资金、人力、物力、信息（目标客户的信息、合作单位的信息、行业产业信息）和其他社会资源（政府主管部门、全国及海外合作伙伴、招展组团的代理机构、专业传媒和大众传媒等）。

据国际会议协会（ICCA）2000年统计，各产业召开国际会议从专业上划分，所占的比例从高到低依次是医学类（32%）、科学类（13.6%）、工业类（8%）、技术类（7.4%）、教育类（4.7%）、农业类（4%），其后是社会科学、经济教育、商业管理、生态环保等。

(2) 主题调研。会展项目确定之后，展览会策划人员还必须就展览会的具体主题进行相关的研究分析。由于定期举行的常年固定展览会在宣传推广以及品牌建设方面具有先天优势，因此多数展览会在策划之初都是以此为目标，从而，调研的前期准备就显得尤为重要。展览会的名称、基本理念和具有延续性并相互独立的主题等都应在相关调研的基础之上予以确定。主题调研不仅应广泛研究已有展览会的主题性质与分类，同时也可以通过民意调研的手段广泛了解和听取市民意见。

(3) 场馆调研。近年来，国内各大型城市纷纷建设会展场馆，场馆的规模、设施、地点、服务水平等各有差异。场馆相关调研具体包括：①硬件条件调研，如场馆地点、交通情况、周边住宿条件、停车位数量、场馆空间规模、内部空间使用的便利程度、陈列道具的种类、多媒体设备条件、照明、空调、消防等；②软件条件，如网络通讯便利程度、邮政电信便利程度、管理系统等；③服务水平，如基本设计制作水平、场馆内部搭建改造水平、施工水平等。

在美国，美国商务手册出版公司每年都会出版汇集当年商业展览会信息的《博览会、展销会和展览会手册》，手册中对遍布全国的各级各类展览会场馆都有详尽客观的介绍和评估，可以直接解决会展场馆调研的需要。

(4) 参观人数预测。无论是以营销为主要目的的商业洽谈会，还是以宣传为主要目的的文化展览，参观人数都是重要的指标。参观人数预测直接影响场馆选择、门票定价、办展时间、预算等一系列最大决策。即便对于举办多年的周定展览会，人数的预测仍非易事，诸多不确定因素都有可能导致预测的失误，如天气条件、突发事件、同类展览会的竞争等。因此，参观人数并不能简单地根据往届实际参观人数进行预测，还是应该在展览会筹备之前通过科学的定量调研予以预测。

(5) 同类展览会竞争者调研。同类展览会竞争者不断涌现，就国内案例而言，最著名的一对竞争对手就是北京国际汽车展和上海国际汽车展。在相同的行业、相同的主题下，要想成功举办展览会就必须对竞争展览会的规模、具体参展商、展览会时间、效果、满意度等进行详尽的调查研究，不仅要知己知彼，更要取长补短，避免恶性竞争。例如，每年8月中旬到9月中旬，甘肃兰州的兰州商品交易会和新疆乌鲁木齐的乌鲁木齐商品洽谈会几乎同时进行，同是西部重镇，经济发展水平相似，交易商品相近。为此"乌洽会"组办单位进行了细致认真的调查研究，最终调整办展策略，积极吸引中亚、东欧客商参展，使"乌洽会"成为西部最大的进出口贸易平台，从而与"兰交会"实现了共同成长。

(6) 住民意识调研。展览会有的时间较短，2~3天；有的时间较长，一个月甚至更长，BIE 的注册博览会时间可长达 250 天。如此长时间的展览会必将对场馆附近，甚至整个城市的普通市民的生活造成影响。特别是开闭幕式、论坛时频繁有重要领导甚至国家元首到来，对市民的工作、休息、学习、交通、餐饮、卫生、安全等方面都会造成影响。而当地住民的态度和认识将在很大程度上影响展览会的效果，热情好客的当地居民不仅可以很好地配合组办方的各项安排，积极参与展览会活动，为展览会制造人气，同时也可以给参展商留下美好的印象。相反，居民的抵触情绪将给展览会带来不必要的麻烦。因此，组办方会在基本调研中特别强调住民意识的研究，发现问题尽早想办法疏导、解释、宣传，以营造出展览会最佳的外部环境。

(7) 环境影响调研。展览会期间，交通工具和流动人员暴增，将在一定程度上影响城市环境；展览会过程中大量宣传品从展览会现场被带出，在相当大的范围内造成环境污染或卫生清洁工作的压力；展览会期间的声光电也高于平常。撤展后，大量展览会现场遗留的垃圾也增加了城市的环保投入。特别是大型展览会，如世界博览会，相关的环境影响问题就更加严重。政府的有关部门要求展览会组办方在展览会申报时必须提交环境影响调研的预计结论以及解决方案，同时还有一些民间组织将对展览会的全过程进行监督。可以预计，这些前期调研在未来中国会展业的发展过程中将会逐步地提到日程上来。

2. 调研手段及方法

一般调查研究，特别是市场调研，所采用的方法主要是三大类：观察法、询问法和实验法。

根据会展调研的特性，以下内容简单介绍一些相应的具体执行手段。另外，二手资料的分析使用也是会展调研的重要方法。

1) 观察法

观察法主要是观察人们的行为。明确地讲，观察法可以被定义为不通过提问或交流而系统地记录人、物体或事件的行为模式的过程。当事件发生时，运用观察技巧的调查员客观见证并记录信息，或者根据以前的记录编辑整理证据。展览会主题明确，参展商与参观者已经过明确的细分，绝大多数展览会对专业参观者和普通参观者又进行区别，因此在客观上符合使用观察法的条件。

会展调研所使用的观察法大致分为以下两类。

（1）非参与观察法。指将受访者视为局外人，从旁进行观察，而不参与其活动。调查员可以分布在展览会的不同位置，根据之前统一的要求进行现场观察，并在印制好的记录单上予以记录，记录单可以使用按秩序圈选的封闭式量表，也可以使用记录具体情况的开放式表格。调查员的观察不应打扰参会者的行为，最好能够避免引起参会者的注意。另外，也可以安装一些被允许的装置进行机器观察，如流量计数器、条形码识别仪、录像机、现场监测仪等。

（2）参与观察法。与前者不同的是要和受访者直接相处并与其一起活动，从中可以更深入地了解被访者。参与观察法仍是以观察为主，调查员可以作为展览会中的一分子，参与试用、参加专业研讨等，有的放矢地进行观察研究，当然这种研究对调查员的能力要求就更高了。

2) 询问法

询问法是最为广泛使用的调研手段，通过此种方法能够收集到广泛的资讯。询问法又可分为问卷访问法、小组焦点访谈法、深度访谈法、投射法等。

（1）问卷访问法。问卷访问法在调研中最为通用，包括个别访问法、集体访问法、电话访问法、邮送法、留置法、计算机访问法等。问卷访问的每一种形式都依赖于问卷的使用。问卷几乎是所有数据收集方法的一般思路。问卷是为了达到调研项目目的和收集必要数据而设计好的一系列问题，它是收集来自于被访者的信息的正式一览表。问卷提供标准化和统一化的数据收集程序。会展调研中所使用的问卷应注意区别调研目的和调研地点。

问卷访问法是最基本的调研手法，在此就不赘述了，仅就网上问卷调研予以简单介绍。会展调研的网上操作主要有如下几种。

① 网上会展搭载的调研。网上会展方兴未艾，特别是在2003年"非典"期间更是异军突起。网上会展成本相对低廉，同时不受时间、地点、天气条件、交通条件的限制，不仅是长年不落幕的展示平台，同时也是成熟的B2B（Business to Business）平台。搭载于会展网的调研项目通常成本较低，数据的回收与分析在技术上可以实现即时化。通常填答问卷的上网浏览者都是专业人士。由于其专业特点，问卷的设计不必像一般的网上调研那么简短，可以使用较长的问卷。同时在网上会展参展商身份确认过程中也可以进行大量信息的收集与整理。在技术上，调研员能够跟踪受访者，进行更深入的研究。

② 门户网站的会展频道搭载的调研。门户网站的会展频道也备受专业人士的关注，自然也是进行展览会展调研的极佳途径。此类调研也可辅助完成展览会满意度、展览会需求等方面的调研课题。

③ 邮寄问卷。这种方式是指制作一份问卷，通过E-mail发送给被访者。被访者收到问卷后自行决定是否填写，如果填写则再通过E-mail把答案寄回。问卷可以使被访者在闲暇完成，这种方式很像现实生活中产品或服务的调查问卷或用户意见反馈表。一般的网上展览会的参展商和浏览者都是以会员的形式加入后才取得相应的展示浏览权限。因此单位、机构或个人的邮箱很容易得到。

【知识链接】

第七届中博会国内参展商调查问卷

【为改进和完善中博会的各项工作，促进中博会的长远发展，我们设计了以下调查问卷，感谢您在百忙中参与我们的调查工作，本次调查内容仅限内部参考，您提供的一切信息将对外保密，请放心填写。】

单位名称：

联系人姓名： 联系电话：

电子邮箱： 传真：

所属行业： 展位号：

1. 请问阁下通过哪些途径获悉本届博览会的信息：
□政府文件 □相关公司传递信息 □博览会网页 □大会印制的宣传资料 □主办单位的邀请 □报章及专业杂志刊登的广告、报道 □协办单位或展览公司的邀请 □其他博览会上获悉 □朋友介绍 □电视宣传 □电台 □网络渠道 □商会及其他团体 □其他，请说明：_____

> 2. 请问贵单位此次参展的目的：
> □开拓市场，寻找商机　□展示宣传企业形象　□寻求合作，促进贸易
> □交流信息，探索市场发展趋势　□寻求加盟经销商　□其他，请说明：_____
> 3. 请问贵单位通过本次博览会取得哪些成果？
> □提高了知名度　□达成项目投资合作意向　□促进国内外贸易交流
> □达成购销意向　□建立国际合作关系　□其他，请说明：_____
> 4. 请问贵公司看中本次博览会的哪些亮点：
> □产品和技术展示　□中澳中小企业高峰论坛　□采购说明会　□融资洽谈会　□专题培训　□中澳中小企业合作项目推介活动　□其他，请说明_____
> 5. 对本届博览会的综合评价：　　优秀　良好　满意　一般　不满
> 市场潜力　　　　　　　　　　□　　□　　□　　□
> 博览日期　　　　　　　　　　□　　□　　□　　□
> 品牌覆盖面　　　　　　　　　□　　□　　□　　□
> 专业观众组织　　　　　　　　□　　□　　□　　□
> 6. 请问贵公司是否有兴趣再参加下届博览会：□有兴趣
> 贵公司最希望增加什么项目：
> _____

　　展览会举办的时间长短因展览会的性质不同而有所区别，展销会一般时间较短，在3天左右；行业型年度展览会时间稍长；文化型展览会时间更长一些，可达十几日甚至几十日；博览会时间最长，往往在150~200日。因此，不同展览会过程中所采取的调研形式也应有所不同。短期展览会中适宜采用节省时间、节省费用的方式和手段，许多定性调研手段皆适合使用。定性研究是以小样本为基础的无结构式的、探索性的调研研究方法，目的是对问题的定位或启动提供比较深层次的理解和认识。调研的结果不经量化或数量分析，它通常用于分析态度、感觉和动机。定性调研通常比定量调研费用低，并且能大大提高调研的效率（见表1-1）。在寻找处理问题的途径时，定性调研常用于指定架设或者确定研究中应包含的变量，有时定性调研和二手资料的收集分析可以构成调研项目的主要部分。

　　（2）小组焦点访谈法。展览会过程中，通过有意识的信息收集，可以更便捷地开展小组焦点访谈法。来自四面八方的经销商、消费者汇聚展览会，使得平时几乎无法实现的小组焦点访谈成为可能。小组焦点访谈法可以使参与者对主题进行充分和详尽的讨论，通过这种方法，参展商可以对定价、销售手段、产品性能等需要了解的主题进行深入研究。展览会组办方也可以通过小组焦点访谈法对参展商的需求以及满意度进行调研。

表 1-1　定性调研与定量调研

	定性调研	定量调研
目的	对潜在的理由和动机求得一个定性的理解	将数据定量表示，并将结果从样本推广到所研究的总体
样本	由非常有代表性的个案组成小样本	由具有代表性的个案组成大样本
数据收集	无结构的	有结构的
数据分析	非统计的方法	统计的方法

（3）深度访谈法。深度访谈法在展览会过程中也能够得到充分应用。深度访谈适用于两类人群：其一是参会的重要官员、学者和企业高层管理者。这类人群在日常的深度访谈操作中皆是难于接洽的对象，但是在展览会过程中往往相对集中，同时由于大部分展览会都有明晰的主题或单一的行业性质，因此访谈的实际操作也较易深入，有效性更高。其二是参观者。不论是企业自己组织的现场介绍，还是委托专业公司进行的会场演示，都是极好的直接面对参观者的机会，如图 1-2 所示。商业展览会参观者中有代理商、经销商以及消费者；文化展览会参观者大都是专业人士或爱好者。通过相对无限制的一对一会谈，可以实现多种调研目的。受访者与面谈者很容易在展览会这样一个特定环境中达成相互的融洽关系，同时与主题无关的信息也将比一般情况少。

图 1-2　展商的深度交谈

实施小组焦点访谈和深度访谈时应该注意以下几点：①明确调查目的及提问内容；②寻找适当样本；③把握访问机会；④遵循提问的逻辑顺序；⑤值受访者在充分了解的情况下作答。

3）实验法

以实验为基础的调研与以询问为基础的调研相比有着根本的区别，其对调研环境、技术、人员素质的要求都不同。在展览会过程中要想实现真正意义上的实验调研是很困难的。但是，实验法有许多值得在会展调研中积极采用的思路和手段，比如在展览会中设置实验区域，请消费者现场实验产品功效，一方面可以起到宣传促销的作用，另一方面也可以为参与观察的调查员提供条件进行观察记录，如图1-3所示。

图1-3　展会中的实验区

4）二手资料分析

以上3种方法是调查研究中常见的获取一手资料的方式和手段，但并非调研的全部，在会展调研中，二手资料的分析运用也相当重要。

从展览会上可以搜集到大量的二手资料。这些二手资料不仅有助于明确或重新明确探索性研究中的研究主题，而且可以切实提供一些解决问题的方法。政府或企业所面临的问题，以及下达给会展调研者的问题很大程度上并不是前所未有的问题，很有可能曾经有过类似的研究，可能有人已经收集了所需的精确资料，只不过不是针对当前的问题。做好这方面资料的搜集可以说是事半而功倍。

二手资料主要有以下几个来源。

（1）来自组办方。展览会组办方都会在展览会过程中免费发放各种名录，如参展商名录，内有详细的地址、联系方式、产品介绍、工厂分布、主要领导的姓名、员工数量、销售水平、市场占有率情况等。

（2）来自参展商。参展商在展览会中会准备大量资料，这些资料中就有可能包括平时难得一见的内部资料，如新产品研发档案、年度报表、股东报告、新产品测试结果、公司内部刊物等。

（3）来自行业管理部门或行业协会。展览会中常设有免费公开的信息查询系统，提供诸如行业发展趋势、市场分布等来自权威机构的统计结果。

课后练习题

1. 填空题

（1）展览会的类型有_____、_____、_____和_____。

（2）展会调研包括_____、_____、_____、_____、_____、_____和_____。

（3）市场调研的方法分为_____、_____、_____和_____。

（4）问卷访问法分为_____、_____、_____、_____、_____和_____。

2. 判断题

（1）收集的二手资料主要有两个来源：来自主办方和来自参展商。（ ）

（2）小组焦点访谈法：展览会过程中，通过无意识的信息收集，可以更便捷地开展小组焦点访谈。（ ）

（3）邮寄问卷：这种方式是指制作一份问卷，通过邮局发送给被访者。（ ）

（4）询问法是使用较少的调研手段。（ ）

3. 问答题

（1）简述观察法的定义。

（2）据国际会议协会（ICCA）2000年统计，各产业召开国际会议从专业上是如何划分的？

（3）简述实验法的意义。

（4）会展调研在网上操作有几种？如何实现？

任务1.2　展览会立项的可行性分析

学习目标

知识目标： 了解展会立项的可行性分析内容，包括宏观分析和微观分析的具体内容。

能力目标： 根据展会的实际情况，对立项中的展会项目进行可行性分析，并能根据实际情况在宏观和微观环境分析中选取可用素材。并根据实际情况来说明举办展会的优势和劣势。

素质目标： 培养学生实事求是的学习态度。

1.2.1　市场环境分析

任何经营活动都是生存在一定的市场环境之中，并遵循着"适者生存"的法则。市场环境分析是展览会立项可行性分析的第一步，它是根据展览会立项策划提出的展览会举办方案，在已经掌握的各种信息的基础上，进一步分析和论证举办展览会的各种市场条件是否具备，是否有举办该展览会所需要的各种基础。

1. 宏观市场环境

宏观市场环境是指能对展览会举办产生影响的各种社会宏观因素，这些因素可能会给展览会带来市场机会，也可能会给其造成市场威胁。在策划举办一个展览会时，必须对它加以密切关注，并及时对其作出适当的反应，以便有效地识别和抓住市场机会，避开和减少市场威胁。宏观市场环境所包括的因素都是办展单位本身以外的市场因素，并且基本上都是其自身所不能控制的因素，它们包括：人口环境、经济环境、技术环境、政治法律环境、社会文化环境等。

（1）人口环境。从量的角度看，人口数量是市场规模的重要标志，从人口的分布、结构及变动的趋势可以分析判断出市场需求的特点和发展趋势，从展览会展览题材所在产业及其相关产业的从业人员数量和结构构成，可以预测展览会的专业观众的大约数量，而拥有一定数量和质量的专业观众正是展览会的生存之本。

（2）经济环境。经济环境是指那些能对企业参展和观众到会参观产生影响的各种经济因素，如社会经济发展水平，产业利润率的高低，市场规模的大小，产业进出口状况，产业结构状况，展览会所在地的住宿、餐饮、旅游、交通等配套设施的完备程度等。这些因素从侧面影响着企业参展和观众到会参观的意愿。

（3）技术环境。科学技术的发展会给企业的经营活动和经营方式产生重大影响：一方面，它可以给一些企业提供新的有利的发展机会；另一方面，它也可以给一些企业的生存与发展带来威胁。另外，在塑造展览会服务的外部环境方面，科学技术的发展也能发挥巨大作用。如互联网的出现就极大地改变了会展业的办展思路和竞争模式，计算机的广泛使用使展览会的观众登记模式发生了翻天覆地的变化。

（4）政治法律环境。政治法律环境由那些具有强制性的和对举办展览会产生影响的法律、政府部门和其他压力集团所构成。由于举办一个展览会涉及的行业和社会面非常广。因此，会展业会受到比其他行业更加严厉的法律管制，如政府对举办展览会在消防安保、工商管理和产品进出口方面的严格要求，举办展览会对《广告法》和《专利法》等法律的严格遵守等。此外，与展览会展览题材所在产业有关的法律对举办展览会也会产生较大的影响。

【知识链接】

企业应重视展览会知识产权保护

近年来，中国会展经济发展非常迅速。由于展览会不仅能给企业带来展示商品和服务的良好机会，也会给主办方甚至主办城市带来一定的经济收益。因此，目前各类展览会、展示会、博览会、交易会层出不穷。然而，从整个会展产业来看，当前国内会展业的各个环节均存在着一些不同程度的知识产权问题。知识产权保护已成为这一领域的重要课题。

针对展会中出现的知识产权实际问题，以及产业的实际需要，商务部、工商总局、国家版权局、国家知识产权局已于2006年联合发布了《展会知识产权保护办法》，于2006年3月1日起实施，成为规范展会知识产权问题的重要法律依据。《展会知识产权保护办法》的目的是强化展会期间知识产权保护，维护会展业秩序，推动会展业的健康发展。其中，既突出知识产权保护，又注意不干扰展览会的正常交易秩序。在《展会知识产权保护办法》的基础之上，我国正在逐渐建立一个完善的展会知识产权保护制度，已陆续出台了一些地方性的展会知识产权保护规定，其中比较典型的有北京市于2007年11月通过的《北京市展会知识产权保护办法》。该《办法》已于2008年3月1日起施行，对展会期间知识产权侵权投诉，展会期间专利、商标、著作权保护以及相关法律责任作出了明确规定。

(5) 社会文化环境。社会文化环境有三大类：一是物质文化，一是关系文化，一是观念文化，它们分别代表人们对物质生活、社会关系和意识形态等方面的要求、认识和看法。社会文化环境对企业参展和观众到会参观会产生较大影响；人们的餐饮习惯，国与国之间的关系的好坏，世界各国的各种节假日和喜庆日的安排，对举办展览会的影响非常大。例如，在中国，春节期间就很难成功举办专业贸易类的展览会。

2. 微观市场环境

微观市场环境是指对办展单位举办展览会构成直接影响的各种因素。这些因素包括：办展单位内部环境、目标客户、竞争者、营销中介、服务商和社会公众等。和宏观市场环境一样，微观市场环境所包括的各因素也可以给展览会带来市场机会，或者给其造成市场威胁。

(1) 办展单位内部环境。办展单位内部环境就是办展单位内部所具备的各种条件，包括资金、人力、物力（办公设备和通信工具）以及所掌握的信息资源和能联系的社会资源等。通过对办展单位内部环境的客观分析，准确地找出它们在本展览会所在产业以及它们本身所具有的办展优势和劣势，并对这些优势和劣势进行客观评估，分析办展单位是否具有举办该展览会的能力。

(2) 目标客户。目标客户就是展览会的潜在参展商和观众。从类别上看，展览会的目标客户包括消费者市场客户、生产者市场客户、中间商市场客户、政府部门和国际市场客户五大类。这些客户可能是参展商，也可能是观众。参展商和观众都是展览会的服务对象，两者都不可偏废。展览会的最终目的是要满足目标客户的需求。因此，在分析展览会的目标客户时，不仅要分析他们的数量和分布，还要注意分析和把握他们的需求及其变化趋势，并以此作为展览会努力的起点和服务的核心。

■ 案例分析

长春百瑞国际会展集团有限公司是东北地区最大的会展业集团公司，通过 ISO 9001 国际质量体系认证的展览主办企业，注册资金 1010 万元人民币。旗下拥有长春浩业展览展示服务有限公司、长春浩嘉展览广告有限公司、长春博信国际会展有限公司、长春浩翔展览有限公司、长春浩新保险代理有限公司、《精致美妆》杂志社等多家控股子公司。主要从事国际、国内展会的策划、组织、咨询及服务、展览工程、出版、保险、广告及各类商品和技术的进出口业务。

公司先后主、承办了中国（长春）国际汽车博览会（如图 1-4 所示）、中国（长春）国际汽车零配件展洽会、中国（长春）光电信息技术博览会、中国（长春）国际美容美发及化妆品展览会、长春制造业博览会、中国（长春）工艺品礼品及家居饰品博览会等 12 个具有一定规模和影响力的品牌展会。提供从展会的策划、组织、招商组展、展会管理、展商服务、设计搭建、广告制作等全部配套服务。

图 1-4 中国（长春）国际汽车博览会

（3）竞争者。竞争者就是与本展览会有竞争关系的其他同类展览会。在现实中，一个题材的展览会往往不止一个，展览会要想在市场上取得成功，就必须能比其他同类展览会更有效地满足参展商和观众的需求。在对竞争者进行分析时，不仅要分析具有竞争关系的展览会，还要分析这些展览会的办展单位；不仅要分析具有竞争关系的展览会和其办展单位的现状，还要分析它们的变化，并及时提出应对的对策。

（4）营销中介。营销中介是受办展单位委托的，或者是协助展览会进行宣传推广和招展招商的那些中介组织和单位，包括展览会的招展代理、招商代理、广告代理和其他营销服务机构等。好的营销中介能很好地分担和完成办展单位的宣传推广和招展招商等营销工作，能更好地协助办展单位成功地举办展览会。分析营销中介，目的是要甄别那些候选的中介组织的资质、信誉和实际营销能力，以保证它们能为展览会提供最好的营销服务。

(5)服务商。服务商是受办展单位的委托,为展览会提供各种服务的机构,包括展览会指定的展品运输代理、负责展位搭装的展位承建商、提供旅游服务的旅行社、提供住宿服务的宾馆酒店,以及提供展览会资料印刷和观众登记的专门服务商等,这些服务商是办好一个展览会必不可少的组成部分。在举办展览会时,参展商和观众往往将这些服务商提供的服务看成是展览会本身的一个有机组成部分。因此,这些服务商提供服务的好坏直接影响到展览会本身。在进行可行性分析时,要对它们的资质、信誉和实际服务能力等进行深入的了解,以保证展览会的服务质量不会因其服务不周而受损。

(6)社会公众。社会公众是指对展览会实现其目标具有实际或潜在影响的群体。一个展览会所要面临的公众有6类:一是媒体公众,二是政府公众,三是当地民众,四是市民行动公众,五是办展单位内部公众,六是金融公众。这6类公众既具有增强展览会实现其目标的能力,又有阻碍其实现其目标的能力;有时候它们的态度还能直接影响到一个展览会的市场前途。因此,成功地处理好展览会与这些公众的关系格外重要。

3. 市场环境评价

为确保对市场环境的分析准确,除要对构成市场环境的上述各因素进行单因素分析外,还要对市场环境进行整体分析和综合评估,从总体上了解在举办该展览会时可能受到的威胁,抓住可以利用的机会。

对市场环境的整体分析和综合评估是建立在已经掌握了大量有关信息的基础上的。因此,之前所提到的需要收集的各种信息收集得是否详细和准确就十分重要。另外,对市场环境的整体分析和综合评估还需要根据已经掌握的各种信息,对未来的环境变化趋势作出预测,这样,对市场环境作出的整体分析和综合评估才更科学。

在已经掌握了大量的有关信息和对未来的环境变化趋势作出一定的预测后,就可以对市场环境进行整体分析和综合评估。对市场环境进行整体分析和综合评估最常用的是SWOT分析法。

所谓SWOT分析法,就是把办展单位所面临的宏观和微观市场环境各要素综合起来进行分析,得出市场环境对办展单位举办该展览会所形成的展览会成本收入预测优势(Strengths)、劣势(Weakness)、机会(Opportunities)和威胁(Threats);并将这4个方面结合起来研究,以寻找到适合本展览会的可行性战略和有效对策。SWOT分析法一般分3步进行:第一步,整理和分析收集到的各种信息,并根据这些信息对环境的变化趋势作出预测;第二步,详细地分析办展单位内部和外部的各种环境要素,列出市场环境对办展单位举办该展览会所形成的优势、劣势、机会和威胁;第三步,从市场环境对办展单位举办该展览会所形成的优势、劣势、机会和威胁进行综合分析,确定可以选择的战略和对策。

通过以上步骤,SWOT分析法为办展单位举办该展览会提供4种可以选择的对策,见表1-2。

1 展览会策划

表1-2 SWOT分析法

外部＼内部	内部环境	
	内部优势(S)	内部劣势(W)
外部机会(O)	SO战略 依靠内部优势 利用外部机会	WO战略 利用外部机会 改进内部劣势
外部威胁(T)	ST战略 依靠内部优势 回避外部威胁	WT战略 克服内部劣势 回避外部威胁

（1）SO战略，即利用办展单位的内部优势去抓住外部市场机会。例如，如果某办展单位办展经验丰富并且资金雄厚（即内部优势），而某产业尽管有展览会存在但该展览会市场覆盖面不广（即外部机会）。那么，如果其他条件具备，该办展单位就可以利用本战略进入该产业举办展览会。

（2）ST战略，即利用办展单位的内部优势去回避或减少外部威胁。例如，如果某办展单位的品牌优势十分明显（即内部优势），但与之有合作关系的展览会服务商却不尽如人意（即外部威胁）。那么，该办展单位就可以利用本战略，通过寻找更好的展览会服务商进入该产业举办展览会。

（3）WO战略，即利用外部机会来改进办展单位的内部弱点。例如，如果从市场分析得出结论，某产业举办展览会的市场机会巨大（即外部机会），而某办展单位内部展览会策划和招展招商等人才缺乏（即内部劣势）。那么，如果其他条件具备，该办展单位就可以利用本战略，利用社会和其他单位的策划和招展招商等人才，为本办展单位进入该产业举办展览会服务。

（4）WT战略，即克服办展单位的内部弱点，避免外部威胁。例如，如果某办展单位计划举办的展览会与另一个已经存在的展览会有冲突（即内部劣势），而大部分参展商和观众又认同该已经存在的展览会（即外部威胁）。那么，如果其他条件具备，该办展单位就可以利用本战略，重新对计划举办的展览会进行定位，用新定位吸引参展商和观众。

1.2.2 展览会成本收入预测

在分析了展览会的价格是否合理以后，就要对举办展览会的成本和收入进行进一步的考察，以便分析举办该展览会是否经济可行。

1. 成本费用

举办一个展览会的成本费用一般包括以下方面。

（1）展览场地及相关费用。即租用展览场馆以及由此而产生的各种费用。这些费用包括：展览场地租金、展馆空调费、展位特装费、标准展位搭建费、展馆地毯及铺设地毯的费用、展位搭装加班费等。

（2）展览会宣传推广费。包括广告宣传费、展览会资料设计和印刷费、资料邮寄费、新闻发布会的费用等。

（3）招展和招商的费用。

（4）相关活动的费用。包括技术交流会、研讨会、其他活动、展览会开幕式、嘉宾接待、酒会、展览会现场布置、礼品、纪念品和外请展览会临时工作人员的费用等。

（5）办公费用和人员费用。

（6）税收。

（7）其他不可预测的费用。

2. 收入

举办一个展览会的收入一般包括以下方面。

（1）展位费收入。就是向参展商出售展览会展位的收入。

（2）门票收入。包括展览会、技术交流会、研讨会、表演等的门票收入。

（3）广告和企业赞助收入。

（4）其他相关收入。

举办一个展览会的成本费用和收入大致由以上各种因素所构成，我们在对上述各项进行逐个测定并加以汇总后，就可以为即将举办的展览会作出一个初步的成本收入预算，见表1-3。

表1-3 展览会成本收入预算表

	项　目	金额/元	占总收入的比例/%
收入	展位费收入		
	门票收入		
	广告和企业赞助		
	其他相关收入		
	总收入		
成本费用	展览场地及相关费用		
	展会宣传推广费		
	招展和招商的费用		
	办公费用和人员费用		
	税收		
	其他不可预测的费用		
	利润		

在完成以上"展览会成本收入预算表"后，就可以初步了解举办该展览会的成本费用、收入和利润大约是多少，可以初步判断举办该展览会是否可行。

1 展览会策划

1.2.3 展览会盈亏平衡分析

在策划举办展览会时,我们往往最想知道的一个重要问题是:展览会的展览规模要有多大才能保证不出现亏损?或者,如果展览会的展览规模已经确定,那么,展览会价格应该处于怎样的水平展览会才不会出现亏损?

要解决这样的问题,就必须对展览会进行盈亏平衡分析。所谓盈亏平衡,就是展览会的所有收入恰好能弥补展览会的所有支出和成本费用,也就是总收入正好等于总成本。能够使展览会达到盈亏平衡的展览会规模就是展览会盈亏平衡规模,能够使展览会达到盈亏平衡的展览会价格就是展览会盈亏平衡价格。除一些特殊情况,举办展览会最起码的要求,应该是能够达到盈亏平衡的状态,换句话说,如果举办一个展览会不能达到盈亏平衡,那么,举办这个展览会就要亏钱。

进行盈亏平衡分析,最重要的是要找到能够使展览会达到盈亏平衡的"盈亏平衡点"。所谓盈亏平衡点,就是能够使展览会达到盈亏平衡的展览会规模或展览会价格。找到了盈亏平衡点,就可以为展览会制定更加合理的价格,或为展览会规划更为合理的展览规模。

(1) 如果展览会是以单位标准展位来定价的,那么,展览会的盈亏平衡价格可以按以下公式求得:盈亏平衡价格(单位展位)= 展览会总成本/展览会总展位数。

> **新知识**
>
> **如何确定展览会的盈亏平衡价格**
>
> 经过市场研究和调查,A 展览公司计划在 B 产业策划举办一个面积为 2.2 万平方米的展览会。A 展览公司计划在 D 展馆举办该展览会。目前,知道 D 展馆的场地使用率为 60%,展馆的场地租金和场地水、电、空调、地毯等固定成本总计约 300 万元。A 展览公司不包括宣传推广费在内的其他变动成本总计后约为 200 万元。现在,为扩大展览会影响,A 展览公司有投入 250 万元和 350 万元做展览会的宣传推广两种方案。那么,在这两种方案下,展览会的价格分别为多少,A 展览公司才不会亏本?
>
> 投入 250 万元做宣传推广的方案:展览会最低价格应为每平方米 568.18 元 =(300+200+250)/(2.2×60%),低于这个价格展览会就会亏损。
>
> 投入 350 万元做宣传推广的方案:展览会最低价格应为每平方米 643.94 元 =(300+200+350)/(2.2×60%),低于这个价格展览会就会亏损。

(2) 如果展览会是以单位展览面积来定价的,那么,展览会的盈亏平衡价格就应该是单位展览面积的价格,这时,展览会的盈亏平衡价格可以按以下公式求得:盈亏平衡价格（单位展览面积）＝展览会总成本/展览会展览总面积。

按上述公式求得的盈亏平衡价格，就是能够确保展览会不出现亏损的单位展位价格。如果单位展位的价格低于这个价格，展览会就会出现亏损。

课后练习题

1. 填空题

（1）宏观市场环境分析包括 _____、_____、_____、_____ 和 _____。

（2）办展单位内部环境就是办展单位内部所具备的各种条件，包括 _____、_____ 和 _____ 等。

（3）目标客户就是展览会的 _____ 和 _____。

（4）竞争者就是与 _____ 有竞争关系的 _____。

2. 判断题

（1）SO 战略，即利用办展单位的内部优势去回避或减少外部威胁。（ ）

（2）WT 战略，即克服办展单位的内部弱点，避免内部威胁。（ ）

（3）展览场地及相关费用。即租用展场馆以及由此而产生的各种费用。这些费用包括：展览场地租金、展馆空调费、展位特装费、标准展位搭建费。（ ）

（4）举办一个展览会的收入一般包括以下方面：展位费收入和门票收入。
（ ）

3. 简答题

（1）社会环境包括哪些方面？分别代表了什么？
（2）微观市场环境包括哪些因素？
（3）简述营销中介的作用。
（4）什么是服务商是办好一个展览会必不可少的组成部分？

任务 1.3　展览会策划的基本内容

学习目标

知识目标：了解展览会策划的基本内容，它包括展会名称、举办时间、组织机构、展品范围、时间进度、财务分析、人员安排、展会主题、展会目标等。

能力目标：根据展览会的立项情况对展会进行基本内容的策划。并根据实际情况调整各项基本内容的逻辑关系，使之成为一个整体。

素质目标：培养学生对待学习和任务要有脚踏实地的学习态度，学会对他人宽容，培养团队合作精神。

1.3.1 关于展览会的概念

制定准确的目标是展览会取得成功的必要条件,所谓展览会目标,是指展出者根据营销战略、市场条件和展览会情况制定明确、具体的展出目的,期望通过展览会而达到自己的目的。

大型展览会如世博会,其参展目标相当复杂,有资料显示:各国参加世博会,首先考虑的是政治因素,其次是经济因素,然后才是社会文化因素。当然,每次参展还有一些特殊原因。比如说,某些邻国举办世博会,或者同属某个区域联盟,如欧盟或东南亚国家联盟,肯定会成为参加世博会的因素,这是特例。

■ **经典案例**

2010年四月《天津市参与2010年上海世博会天津展主题陈述》正式公布。《主题陈述》是世博会一项重要而特殊的工作,世博会申办国要向国际博览局递交《主题陈述》,对办展主题选定、主题演绎等进行说明。参加世博会的各参展国、参展省市也要根据参展的基本定位编写各自的《主题陈述》,向世博会组织方提交。天津《主题陈述》首次向媒体公布,包括天津参展目标、参展理念、参展主题等。如图1-5所示为天津馆。

参展目标——通过上海世博会这个国际化平台,让天津及天津滨海新区更好地进入世人的视野,与世界有更多的交流,让参观者对天津特别是天津滨海新区产生更多的感悟,让世人在这里发现创业的机遇,发现生活的激情,发现社会的和谐。

参展主题——激情魅力滨海·生态和谐新区

为进一步深化演绎主题,提出3个副主题。

(1)魅力天津——城市环境新构建。

(2)激情滨海——城市经济新领军。

(3)生态和谐——城市未来新畅想。

图1-5 上海世博会天津馆

随着冷战的结束，意识形态方面的宣传已经没有必要。因此，博览会的参展国开始将重点从意识形态转移到经济与文化方面。1985年，中国、美国和前苏联同时参加筑波世博会，是这3个国家第一次同时参加同一届世博会。

从某一企业或单位的角度来说，设定展览会目标尤为重要。

参展目标是展览策划、筹备、展出、后续等一系列工作的方向，也就是每一项工作评价的基础和标准。因此，应当充分考虑遵循市场规律和经营原则，重视展出目标并做好展出目标的制定工作。

在考虑与会展主办方签署协议之前，你首先就应该问自己以下几个问题。

（1）为什么我要参展？
（2）谁是我的目标客户？
（3）我想要达到什么效果？

你对于问题（1）的答案是以下的任意一项吗？

① 因为我们总是参加那个会展。
② 因为我们的竞争对手会参加那个会展。
③ 如果我们不参加，那似乎就太糟了。

对不起，上述的答案对于展览会目标的确立来说，没有一项是站得住脚的。因为仅仅是觉得不错就去参展，那也太不理想了。

1.3.2 常见的参展目标

怎样才是理智的目标？展出的意图多种多样，因此展出目标也是多种多样的。展出目标常见的有以下几个方面。

（1）建立、维护展出者的形象。
（2）引导市场调研。
（3）向市场推出新产品或服务。
（4）赢得媒体曝光率及公众关注。
（5）结识大的买家。
（6）建立新客户关系。
（7）向潜在客户提供产品或样品。
（8）培训现有客户，争取潜在客户及零售商。
（9）有效地将时间花在现有的客户身上。
（10）销售和成交。
（11）增强口碑。
（12）为这一领域的商品经销代理打开门户。

以上这些都是具体而明确的展出目标。目标明晰，所有参加会展的员工才能为之而努力。

参考资料：德国展览协会（AUMA 奥马）根据市场营销理论将展出目标归纳为基本目标、宣传目标、价格目标、销售目标、产品目标5类，见表1-4。

表 1-4 AUMA 所归纳的展出目标

基本目标	A. 了解新市场 B. 寻找出口机会 C. 交流经验 D. 了解发展趋势 E. 了解竞争情况 F. 检验自身的竞争力 G. 了解公司所处行业的状况 H. 寻求合作机会 I. 向新市场介绍本公司和产品
宣传目标	A. 建立个人关系 B. 增强公司形象 C. 了解客户的需求 D. 收集市场信息 E. 加强与新闻媒介的关系 F. 接触新客户 G. 了解客户情况 H. 挖掘现有客户的潜力 L. 训练职员调研及推销技术
价格目标	A. 试探定价余地 B. 将产品和服务推向市场
销售目标	A. 扩大销售网络 B. 寻找新代理 C. 测试减少贸易层次的效果
产品目标	A. 推出新产品 B. 介绍新发明 C. 了解新产品推销的成果 D. 了解市场对产品系列的接受程度 E. 扩大产品系列

1.3.3 制定参展目标常见的问题

在展览会中,参展目标常见的问题主要有以下 4 个方面。

1. 目标不明确

由于种种原因,特别是集体展出者,除政府部门、贸促机构、商会、工业协会之外,还有展览公司、咨询公司、公关公司等以营利为目的的多部门组合参展。有些部门的负责人可能将展出看做是例行公事,不认真制定会展计划,造成会展目标不明确。

在制定会展目标时,过于抽象的目标也不行。例如将"促进友谊,发展贸易"作为展出目标显然是抽象的,难以衡量出展出效果。

2. 目标过高或过低

在制定具体目标时,一定要切实可行。如果展出目标过高,有关人员不论如何努力也达不到,可望而不可即,目标就失去了指导实际工作的意义。比如参展总人数是 3000 个,却定出要 2500 人都成为目标客户,显然是不切合实际的。但如果展出目标定得过低,也不容易调动工作的积极性。

3. 目标没有可操作性

目标量化是欧美现代展览的重要观念和技术之一。目标量化可以使参展企业更合理地分配资源,提高参展效率。

在会展实际的操作过程中,要使目标明确,参展目标往往要量化,需要有与之相配套的数据,不能只说"赢得许多可能的顾客"之类的话,要设立详尽而又具有可操作性的目标,如:

(1) 赢得 50 个可能的客户。

(2) 赢得 5 个媒体部门的关注。

(3) 现场销售额达 50000 美元。

(4) 派送出 500 份样品。

新知识

参展对企业是一种最高效的营销方式

核心提示：无论您和您所领导的公司的规模有多大，展会都为您提供了一个很好的商业机会，参展是一种最高效的营销方式，对企业有很大的帮助！

1. 低成本接触合作客户

公司要接触到合格的客户，参加展会是最有效的方式。根据调查显示，利用展会接触客户的平均成本仅为其他方式接触客户成本的40%。

2. 工作量少，质量高，签单率高

在展会上接触到合格客户后，后继工作量较少。调查显示，展会上接触到的意向客户，企业平均只需要给对方打1.8个电话就可以做成交易。相比之下，平时的典型业务销售方式却需要7.8个电话才能完成；同时，客户因参观展会而向参展商签订的所有订单中，54%的单子不需要个人再跟进拜访。

3. 结识大量潜在客户

研究显示，以一家参展商摊位上的平均访问量为基数，只有12%的人在展前12个月内接到该公司销售人员的电话；88%为新的潜在客户，而且展会还为参展商带来高层次的新客户。对于参展公司的产品和服务来说，展会上49%的访问者正计划购买那些产品和服务。

4. 竞争力优势——展示想象和实力

展览会为参展商在竞争对手面前展示自身实力提供了机会。通过训练有素的展台职员、积极的展前和展中的促销、引人入胜的展台设计，参展公司的竞争力可以变得光芒四射。而且，展会的参观者还会利用这个机会对各个参展商进行比较。因此，展览会是一个让参展商展示自身形象和实力的好机会。

5. 节省时间——事半功倍

在3天的时间里，参展商接触到的潜在意向客户比其6个月甚至1年里能接触到的客户数量还要多；更重要的是，面对面地与潜在客户交流是快速建立稳定的客户关系的重要手段。

6. 融洽客户关系

客户关系是许多公司的热门话题，展览会是融洽现存客户的关系的好地方。参展商可以用下列方式对客户表达谢意：热情的招待、公司最新产品资料、公司赠品、一对一的晚餐、其他特殊的服务等。

7. 手把手教客户试用产品或感受服务

企业销售人员携带产品上门进行演示的机会恐怕不多。展览会是参展商为潜在客户集中演示产品或感受服务的最好时机和最佳场所。

1 展览会策划

> **8. 竞争分析**
> 展览会现场提供了研究竞争形势的机会,这个机会的作用是无法估量的。在这里,利用竞争对手提供的产品、价格以及市场营销战略等方面的信息,有助于您制定企业近期和长期规划。
>
> **9. 扩大企业影响**
> 大多数展会通常都会吸引众多媒体的关注,利用媒体进行宣传是参展商难得的机会。
>
> **10. 产品和服务市场调查**
> 展览会提供了一个进行市场调查的极好机会。如果参展商正在考虑推出一款新产品或一种新服务,可以在展会上向参观者进行调查,了解他们对价格、功能、质量和服务上的要求。

4. 目标随意更换

展出目标一经确立后,不能因为出现某些问题或更换负责人就随意更改。展出目标一般是根据参展企业的发展需要和发展战略,展览会特点等因素综合考虑后制定的。若随意改变,就必须相应地调节人员、经费和工作重点,否则就有可能造成参展企业资源的浪费。

1.3.4 会展主题的概念与类型

会展主题是贯穿于整个会展所反映的社会生活内容的中心思想,也称为会展主题思想。

按照会展所涵盖的范围,可以将其主题类型分为主题会议、主题展览两大类。世博会则是汇集各种会议、展览于一体的盛会,是会展中最具典型的特例。

1. 主题会议

要开好一次大会,必须有一个中心思想,只有紧扣主题,才能将会议组织得有条不紊。

例如,99《财富》全球论坛于1999年9月27日在上海开幕,本次论坛年会的主题是"中国:未来五十年"。

首届中国国际农产品交易会于2003年11月11日至16日在北京举行。此次农交会的主题是"展示成果、推动交流、促进贸易"。

2. 主题展览

一个好的主题对于展览活动来说就好像是一面旗帜。以世博会为例:

历史上成功的世博会都有各具特色的主题。世博会对于主题的要求是非常高的,既要符合国际展览局的要求,适合举办国国情,又要代表世界潮流,能引起大多数国家的兴趣。

关于 2010 年上海世博会的主题,《国际金融报》曾有报道指出,最初 2010 年上海世博会主题征集了 32 个题目,包括城市、文明和文化、已知和未知、探索与创新、环境、信息 6 大类。通过评选,初步选择了"已知和未知——信息时代的都市圈""沟通和跨越""城市与环境"3 类主题。第三轮,确定"城市、生活质量"作为申办主题的两个要素。2001 年 4 月 25 日,"城市,让生活更美好"的主题最后确立。

历届世博会主题见表 1-5。

表 1-5 历届世博会举办国、举办地和主题

举办时间	举办国	主办城市	主　题
1900 年	法国	巴黎	无
1904 年	美国	圣路易斯	无
1908 年	英国	伦敦	无
1915 年	美国	旧金山	无
1925 年	法国	巴黎	无
1926 年	美国	费城	无
1933 年	美国	芝加哥	一个世纪的进步
1935 年	比利时	布鲁塞尔	通过竞争获取和平
1937 年	法国	巴黎	现代世界的艺术和技术
1939 年	美国	纽约	明日新世界
1958 年	比利时	布鲁塞尔	科学、文明和人性
1962 年	美国	西雅图	太空时代的人类
1964 年	美国	纽约	通过理解走向和平
1967 年	加拿大	蒙特利尔	人类与世界
1970 年	日本	大阪	人类的进步与和谐
1971 年	匈牙利	布达佩斯	人类狩猎的演化和艺术
1974 年	美国	斯波坎	无污染的进步
1975 年	日本	冲绳	海洋:充满希望的未来
1982 年	美国	诺克斯维尔	能源:世界的原动力
1984 年	美国	新奥尔良	河流的世界:水乃生命之源
1985 年	日本	筑波	居住与环境:人类家居科技
1986 年	加拿大	温哥华	交流与运输
1988 年	澳大利亚	布里斯班	科技时代的休闲生活
1990 年	日本	大阪	人类与自然

续表

举办时间	举办国	主办城市	主 题
1992 年	意大利	热那亚	克里斯多夫·哥伦布：船舶与海洋
1992 年	西班牙	塞维利亚	发现的时代
1993 年	韩国	大田	新的起飞之路
1998 年	葡萄牙	里斯本	海洋：未来的财富
2000 年	德国	汉诺威	人类·自然·技术
2005 年	日本	爱知	超越发展：大自然智慧的再发现
2008 年	西班牙	萨拉戈萨	水与可持续发展
2010 年	中国	上海	城市，让生活更美好
2012 年	韩国	丽水	自然的海洋及海岸：资源多样性与可持续发展
2015 年	意大利	米兰	给养地球：生命的能源

1.3.5 会展主题的确定与选择

会展主题的确立从行业全景来说，其出发点应从实际出发，根据城市自身的特点，明确宗旨，选准主题。一般要根据城市地域优势、支柱产业、塑造品牌等要素确立会展主题。

主题是展览会的焦点，主题确立的目的是使展览会的有关信息在参观者的脑海里留下深刻的印象。因而，从具体的企业来说，展览会组织者应该真正了解每一届展览会每一个客户的新需求，制定出合适的主题，量身定做，提供给参展商想要的东西。

在会展主题的确定与选择上，不要让主题仅仅是显得可爱。当被作为整个市场计划的一部分时，一个主题可以真正地起到提升品牌的作用。

经典案例

上海世博会主题及含义

主题：城市，让生活更美好

　　　　Better city, better life

主题演绎工作冀望达成以下主要目标：

一是提高公众对"城市时代"中各种挑战的忧患意识，并提供可能的解决方案；

二是促进对城市遗产的保护，使人们更加关注健康的城市发展；

三是推广可持续的城市发展理念、成功实践和创新技术，寻求发展中国家的可持续的城市发展模式；

四是促进人类社会的交流融合和理解。

会标：如图1-6所示。

图1-6 会标

一般说来，在确立主题之前，首先要收集整理本企业的宣传册、产品说明、目录以及其他销售资料。然后会见客户，弄清他们最喜欢的产品或喜欢公司的哪一点。然后，研究目前的宣传活动，从中获得信息或可能的主题。一旦已经掌握了所有这些信息，那么根据最想传达的信息作决定就可以了。用作主题的话应尽可能简单化，要用生活化的语言，而不是行话。

主题一旦确定，就要保持一致性。主题通过展前邮件、展台展示、派发品、后续资料等传播手段影响目标观众，帮助他们记住核心信息，这才是企业参展的根本。

1.3.6 会展主题实例

会展主题的拟定是根据具体的展览目标、展览现场情况、展览预算等因素确立的。我们来看下面的案例：

【案例一】一家小型教育软件公司想要展示他们的新创作——一个园林设计项目，其特点是可以进行在线园艺指导。

会展：本地住宅及花园展览，预计3天（28小时）有20000位参观者，是一个一般性的公众会展。

展台：10英尺×10英尺（1英尺=0.3048米）的展台。

目标：对所有在展台前停留的人卖出250套软件包（零售49.95美元，会展特别价35美元，总计8750美元）。收集500名参观者的姓名及地址资料。赢得当地媒体的关注（至少两篇新闻）。

分析：每小时赢得18位客户，售出9套产品。

1 展览会策划

预算：1000 美元展台租赁、750 美元展台设计、800 美元会展服务、750 美元宣传推广、400 美元员工费用、300 美元杂费。

主题：科技之花盛开之处。

总计：4000 美元。

【案例二】2005 年爱知县世博会的主题是"大自然的智慧"，通过 3 个亚主题展开，即"自然的模型""生活的艺术""生态区的开发"。围绕主题又确定了基本目标，包括计划目标与操作目标，见表 1-6。

表 1-6 爱知县世博会的主题、亚主题与基本目标

	名称	内　　容
主题	全球和谐博览会	汇集人类迄今已获得的所有经验、知识和智慧，从中探寻出文化与文明的新理想和新目标，并依照自然的智慧创建一种 21 世纪的社会模型，为解决 21 世纪人类面对的问题以及为我们这个星球的未来寻找新的方向
亚主题	自然的模型	人类想象的宇宙和地球； 未来通信和技术； 人类生存和生命科学
	生活的艺术	与自然共有的文化； 历代承传的艺术； 技术与论证：过去与未来
	生态区的开发	21 世纪自然开发，自然保护和环境修复展示； 基于再生能源和能源保护理念建立一个全球规模社会制度； 建立一个适合全球新居民的生活方式
基本目标	计划目标	探索自然的神秘； 尝试在博览会上充分运用信息技术，并验证新的实验； 展示人与自然共处的欢乐； 为已退休居民提供怡人的模范社会； 最大限度地鼓励包括亚洲居民的各民族之间的对话； 展示以环境和谐为特色的模范生态区
	操作目标	通过多种不同形式促进市民参与； 促进中部地区更大的发展，充分运用现有的技术力量； 建立广泛的合作网络； 使 2005 年博览会生趣盎然，赏心悦目

在确定了展览会的目标、题材以及主题之后，就可以进行展览项目立项策划了。所谓展览项目立项策划，就是根据掌握的各种信息，对即将举办的展览会的有关事宜进行初步规划，设计出展览会的基本框架。

展览项目立项策划的主要内容包括：展览会的名称和地点、办展机构、展品范围、办展时间、展览会规模、展览会定位、招展计划、宣传推广和招商计划、展览会进度计划、现场管理计划、相关活动计划等。以下就其中较重要的几项来加以说明。

1. 展览会的名称和地点

展览会的名称一般包括3个方面的内容，即基本部分、限定部分与行业标识。如"第十三届上海国际广告技术设备展览会"，其基本部分是"展览会"，限定部分是"第十三届"和"上海国际"，行业标识是"广告"。

基本部分：用来表明展览会的性质和特征。常用词有：展览会、博览会、展销会、交易会和节等。

一般来说，展览会是以贸易和展示宣传为主要目的的展览会，专业性较强，展览现场一般不准零售；博览会是指以展示宣传和贸易为主要目的的展览会，展览的题材多而广泛，专业性不强，展览现场一般也不准零售；展销会是指以现场零售为主要目的的展览会；交易会和"节"的含义较广，同时具有展览会、博览会、展销会三者的含义。值得指出的是，尽管以上不同类型展览会的功能有所区别，但在实际操作中，有混用的现象，都用来表示展览会。

限定部分：用来说明展览会举办的时间、地点和展览会的性质。常用的时间表示法有"届"、"年"和"季"等，如"第八届中国北京国际科技产业博览会"，限定部分是"第八届"和"中国北京国际"。

行业标识：用来表明展览题材和展品范围。行业标识通常是一个产业的名称，或者是一个产业中的某一个产品大类。如"第六届中国国际机械工业展览会"，其行业标识是"机械工业"。

策划选择展览会的举办地点，包括两个方面的内容：一是展览会在什么地方举办，二是展览会在哪个展馆举办。

展览会选择在什么地点举办，是与展览会的展览题材、展览会的性质和展览会的定位分不开的。一般的选址总是在交通便利和较重要的经济中心。国际性的展览会，一般应在对外交通和海关比较便利的地方举办，这样可以方便海外企业参展和观众参观。在具体选择展馆时，还要综合考虑使用展馆成本的大小如何，展期安排是否符合自己的要求以及展馆本身的设施和服务水平等因素。图1-7所示为东京国际会展中心。

图1-7　东京国际会展中心

2. 办展机构

办展机构是指负责展览会的组织、策划、招展和招商等事宜的有关单位。办展机构可以是企业、行业协会、政府部门和新闻媒体等。一个展览会的办展机构一般有以下几种：主办单位、承办单位、协办单位、支持单位等。

（1）主办单位：拥有展览会并对展览会承担主要法律责任的办展单位。主办单位在法律上拥有展览会的所有权。例如，"上海国际工业博览会"其主办单位由国家发展改革委员会、商务部、科学技术部、信息产业部、教育部、中国科学院、中国工程院以及上海市人民政府等多家单位组成。

（2）承办单位：直接负责展览会的策划、组织、操作与管理，并对展览会承担主要财务责任的办展单位。承办单位是办展机构中较为核心的单位。例如，"第十届大连国际汽车工业展览会"其承办单位由中国国际贸易促进委员会大连分会、中国国际贸易促进委员会汽车行业分会、中围汽车工业协会、中国汽车工业进出口总公司、大连保税区管理委员会等单位组成。

（3）协办单位：协助主办或承办单位负责展览会的策划、组织、操作与管理，部分地承担展览会的招展、招商和宣传推广工作的办展单位。

（4）支持单位：对展览会主办或承办单位的展览会策划、组织、操作与管理，或者是招展、招商和宣传推广等工作起支持作用的办展单位。

对于一个展览会来说，主办单位和承办单位是最为核心和最为重要的办展机构，是必不可少的。协办单位与支持单位可视展览会的实际需要来确定。

3. 办展时间

会展时间策划主要解决好3个问题：一是什么时间为最佳办展期；二是展期多长时间合适；三是展览周期问题。

1）展览时间的确定

要掌握市场对目标展品需求的季节变化，选择适当的时间办展。如市场对服装这一产品需求的季节性变化很大，服装展就必须充分考虑这一情况；又如高校毕业生人才洽谈会，应当充分考虑用人单位的需求和高校学生的毕业时间因素。

2）展期的确定

一般来说，在参观人数基本固定的前提下，展期越长，各项支出就越多，成本就越高，效益就越低。反之，周期越短，成本就越低，效益就越好。国际上许多专业展览会的周期一般在3天左右。

3）展览周期的确定

展览周期应根据市场需求来确定。如中国商品交易会原来是一年一届，由于市场需求旺盛，现已改为一年两届。展览会周期还有根据气候因素来决定的。由于春秋两季气候宜人，所以许多展览会都放在3~6月或9~12月举行。

新知识

展会办展的时间规划

开幕时间：2013年8月19日上午9点30分。

展览时间：2013年8月19至22日，每天上午9点至下午5点。

观众开放：2013年8月19日上午9点30分只对专业观众开放。
2013年8月20至22日，每天上午9点至下午5点对专业观众和一般公众都开放。

筹展时间：2013年8月16至18日，每天上午9点至晚上8点。

撤展时间：2013年8月23至24日，每天上午9点至晚上8点。

4. 展品范围

展品范围是指计划在展会上展出的展览题材的范围。展品范围直接决定着展会将要展出什么商品、设备和技术，间接地决定着展会的参展企业和观众范围，也影响着展会的长远发展。

展会的展品范围并不是包含得越多越好。展会的展品范围要根据展会的产业和题材选择、展会定位、办展单位的优劣势和其他多种因素来确定。

根据展会的定位，展品范围可以包括一个或者是几个产业，或者是一个产业中的一个或几个产品大类。例如，"博览会"和"交易会"的展品范围往往很广，如"广交会"的展品范围就超过10万种；而德国"法兰克福国际汽车展览会"只有汽车产业一个，中国国际机器人展览会（如图1-8所示）的展品也只有机器人。

图1-8 中国国际机器人展览会

1 展览会策划

办展单位的优劣势也是选择和确定展品范围时需要考虑的一个重要因素。每一个办展单位都有一些它熟悉和擅长的产业，在这些产业里，它们游刃有余；但每一个办展单位也都有一些它所不熟悉和擅长的产业，在这些产业里，它们经营得比较费力。大家都希望在自己所擅长的产业里从事经营活动，因为那样成功的可能性更大。选择和确定展品范围也一样，办展单位的优劣势间接地决定着它能否成功举办哪种题材的展会。

需要强调的是，选择和确定展品范围是一项非常专业的工作，它往往涉及产业和产品分类的问题，这对于那些对某一产业缺乏了解的非专业人士来说是一项非常困难的工作，也是一件很难办得好的工作。因此，在选择和确定展品范围时最好是请对该产业有相当了解的专业人士帮助，或向他们咨询。

5. 展会进度

展会进度是指从展会策划到后期的效果评估所有工作的时间安排。在时间进度的表述中推介使用甘特图。甘特图（Gantt chart）又叫横道图、条状图（Bar chart）（如图1-9所示）。甘特图内在思想简单，即以图示的方式通过活动列表和时间刻度形象地表示出任何特定项目的活动顺序与持续时间。基本是一张线条图，横轴表示时间，纵轴表示活动（项目），线条表示在整个期间上计划和实际的活动完成情况。它直观地表明任务计划在什么时候进行，及实际进展与计划要求的对比。管理者由此可便利地弄清一项任务（项目）还剩下哪些工作要做，并可评估工作进度。

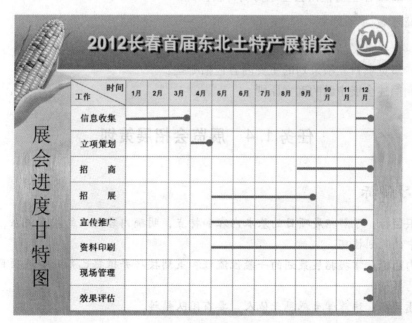

图1-9 会展进度表

课后练习题

1. 填空题

（1）展品范围是指计划在展会上_____的范围。

（2）会展时间策划主要解决好3个问题：一是_____；二是_____；三是_____。

（3）展览会目标，是指_____根据营销战略、市场条件和展览会情况制定明确、具体的展出目的，期望通过展览会而达到自己的目的。

（4）展会的展品范围要根据_____和_____、_____、_____和其他多种因素来确定。

2. 判断题

（1）展会进度指的是从展会策划到后期的效果评估所有工作的时间安排。（　　）

（2）一般来说，在参观人数基本固定的前提下，展期越长，各项支出就越多，成本就越高，效益就越高。（　　）

（3）博览会是指以展示宣传和贸易为主要目的的展览会，展览的题材多而广泛，专业性很强。（　　）

（4）2010年上海世博会主题为明日新世界。（　　）

3. 简答题

（1）什么是展品范围？

（2）展览项目立项策划的主要内容包括哪些？

（3）简述会展主题的确立原则。

任务1.4　展览会招展策划

学习目标

知识目标：了解招展项目的基本内容和特点，明确内容之间的相互关系，了解每项内容中的策划技巧。

能力目标：掌握招展策划的一般性流程和策划技巧并根据已知的会展项目进行招展方案的策划。

素质目标：培养学生感恩于他人，要有团队精神。

1.4.1　招展方案的基本内容

招展方案是对展览会招展工作的总体规划和全面部署，其内容涉及展览会招展工

1 展览会策划

作的方方面面，十分繁杂，总的来看主要有以下几个方面。

（1）产业分布特点。从宏观上介绍和指出展览题材所在行业在全国的分布特点，指出各地区的产业发展状况，介绍该产业的企业结构状况及分布情况，这些内容是制定具体招展策略的重要依据。

（2）展区和展位划分。介绍展览会对展区和展位的划分和安排情况，并附上展区和展位划分平面图。

（3）招展价格。列明展览会的招展价格及制定该价格的依据。

（4）招展函的编制与发送。介绍招展函的内容、印制数量、编制办法和发送范围与发送方法等。

（5）招展分工。对展览会的招展工作分工作出安排，包括招展单位分工安排、本单位内招展人员及分工安排、招展地区分工安排等。

（6）招展代理。对展览会招展代理的选择、指定和管理等作出安排，对代理佣金水平及代理招展的地区范围与权限等作出规定。

（7）招展宣传推广。对配合展览会招展所做的各种招展宣传推广活动作出规划和安排。

（8）展位营销模式或办法。提出适合本展览会展位营销的各种渠道、具体办法及实施措施，对招展人员的具体招展工作作出指引。

（9）招展预算。对各项招展工作的费用支出做出初步预算，以便展览会能及时、合理地安排各种所需要的费用支出。

（10）招展总体进度安排与控制。对展览会的各项招展工作进度作出总体规划和安排，以便控制展览会招展工作的进程，确保展览会招展成功。

1.4.2 招展分工

展览会的招展单位一般不止一个。各单位招展工作混乱和招展地区出现交叉是展览会招展工作中的大忌。展览会招展分工涉及两方面的内容：各招展单位之间的分工安排和本单位内招展人员及其分工的安排。

1. 各招展单位之间的分工

当展览会是由几个单位共同来负责招展时，必须明确各招展单位之间的分工，如各招展单位必须共同遵守的招展原则、各招展单位的计划招展面积、各单位负责的招展地区和重点目标参展商、展位费的收取办法、如何具体安排各参展商的具体展位等。对各招展单位的招展工作进行分工，是保证展览会顺利招展的重要手段之一。

对各招展单位之间的招展分工必须合理、协调和具有可操作性，并兼顾到各方面的利益。如果分工不合理，有些单位就会缺乏招展的积极性，或者有些招展任务根本就是某些招展单位力所不能及的，这将严重影响展览会的整体招展效果；如果分工缺乏协调性，就可能使各招展单位之间缺乏沟通，彼此信息不流畅，会出现几个招展单位同时争抢同一家目标参展商的混乱局面；如果分工缺乏可操作性，招展分工就会失去约束力，成为纸上谈兵；如果分工没有兼顾到各方面的利益，就可能会出现各招展单位竞相压价招揽企业参展的不利局面。总之，对各招展单位的招展分工一定要结合各单位的招展实力，充分发挥各单位的优势，做到优势互补、各方共赢，共同圆满完成展览会的招展任务。

2. 本单位内招展人员及其分工安排

不管展览会的招展工作是由几个单位共同负责，还是只由本单位一家负责，招展单位都要对本单位的招展人员及其分工作出安排。首先，要确定招展的人员名单；其次，要明确各招展人员负责招展的地区范围和重点目标客户名单；再次，要制定各招展人员的信息沟通和工作协调办法；最后，制定统一安排展位的措施。和不同单位之间的招展分工一样，单位内招展人员之间的分工也要注意发挥各自的特长，统筹协调。要避免在招展过程中出现招展任务不明确、跟进措施不力、彼此信息不通等现象。

1.4.3 招展代理

指定展览会招展代理是办展单位借用外部力量来做大做活招展业务的一种有效手段。它可以增加招展单位的业务网络，扩大业务规模，提高经济效益。

1. 招展代理的种类及其来源

根据展览项目的需要，展览会的招展代理一般可以分为一般代理、独家代理、排他代理和承包代理4种形式。公司、相关协会和商会、有关媒体、个人、国外驻华商务处或贸易代表处和公司等都可能成为招展代理。为保证代理的资质可靠，在指定某一机构为代理前必须对其进行资质考察，只有符合条件的才能被正式确定为代理。

2. 代理商的权利与责任

聘用招展代理，要明确他们的权利与责任，只有权利与责任明确了，代理的工作才能更好地展开。

代理商的权利包括：按合同规定收取佣金；从办展单位获取招展必需的完整资料；按合同享受办展单位对展览会及代理商的宣传推广支持；在规定的时间内预订的展位能得到保证。

代理商的责任包括：按合同规定的代理形式和条件切实履行职责，依法经营；有责任对所代理的展览项目进行宣传推广；定期向办展单位有关负责人汇报情况；对办展单位划定的展位不得有异议；维护办展单位和展览会的声誉和形象；按办展单位规定的价格（或价格范围）招展，按时收取和缴纳参展款（含定金）；不得对办展单位制定的参展条件作私自改动；必须协助办展单位做好参展商的服务工作。

3. 代理佣金

支付给代理商的佣金要根据代理的形式、代理期限的长短、代理商的业绩水平等来综合确定。办展单位给予代理商的佣金和准许代理商给予参展商的折扣要分开；给予参展商的价格折扣由办展单位决定，以免引起招展价格的混乱。

代理佣金支付的时间和方法，可根据具体情况分别采取以下办法：第一，定期结算、定期支付，即按季度或月度结付。提取佣金的基数以实际进入办展单位账户的展位费为准。第二，逐笔结算、汇总支付，即代理商每促成一笔交易，办展单位收到由该代理商招来的参展商的参展费后即与之结算，但到规定的时间才支付。第三，逐笔结算、逐笔支付，即代理商每促成一笔交易，办展单位收到由该代理商招来的参展商的参展费后即与之结算并支付本笔交易的佣金。另外，无论采取何种结算支付形式，都必须规定由此引起的营业税和个人所得税的扣缴办法。

4. 代理商的管理

可以由展览会的项目负责人负责对该展览会招展代理的联络和管理，要管理好各代理商，就必须要做好以下几点。

（1）坚持定期书面报告制度。每隔一段时间，要求代理商必须定期汇报其招展的进展情况。

（2）招展价格的控制。代理商对外招展的价格折扣应严格按照代理合同所规定的价格折扣操作。

（3）收款与展位划定。所有参展商展位的划定一般应由办展单位控制和最后确定，代理商一般无权划位，只能提划位建议。

（4）参展商的参展费。除承包代理外，代理商原则上不得代收参展商的参展费及其他一切费用。个别特殊情况，可允许代理商代收参展商的参展费，但代理商必须在办展单位指定的时间内，将其所代收的参展商的参展费扣除商定的佣金后的余额全部交到办展单位。

（5）累进制折扣的控制。累进折扣的最高佣金比例，应要求相应招展展位达到一定的数量。对于不同的代理商，具体佣金累进折扣可在"分档固定折扣"和"分档浮动折扣"两者中选一。代理商的各种办公费用一般由代理商自行承担。

5. 代理风险的防范

在招展工作中使用招展代理有许多好处，但如果管理不善，也会带来很多风险。

（1）多头对外的风险。如果多个代理商在同一地区招展，则可能会引起多头对外招展，如同一个项目招展条件不一致、招展价格有差异、对外口径不统一等。

（2）代理商欺骗客户的风险。要尽量防止某些不法代理商以种种手段欺骗客户来获取私利。

（3）损坏办展单位的声誉和形象的风险。出于种种原因，代理商可能有时会有意或无意地做一些损坏办展单位声誉和形象的事。

（4）收款和展位划位混乱的风险。代理商自己划出展位与办展单位统一的展位安排计划不一致，个别代理商代收参展费时多收款、乱收款等。

（5）展位临期空缺的风险。代理商可能会招不满其当初约定的展位数量，这会导致展览会开幕而展位空缺。

对于以上风险，要注意采取有针对性的措施，加强防范；万一风险真的发生，要及时采取有效的措施加以补救。

1.4.4 招展宣传推广

招展宣传推广是为促进展览会更好地招展而有目的有针对性地举行的一些宣传推广活动，这些宣传推广活动是围绕着展览会招展基本策略、招展进度和招展目标而制定的，有很强的协调配合性。招展方案要提出招展宣传推广的策略、渠道、时间和地域安排以及宣传推广费用预算等。

1. 招展宣传推广的策略

招展宣传推广的策略包括宣传推广的出发点、主题、亮点，突出展览会的个性化特色，从客户出发，处处体现客户利益。

2. 招展宣传推广的渠道

招展宣传推广的渠道可根据招展实际工作需要，选择召开新闻发布会、在专业和大众报纸杂志上做广告、向有关人员直接邮寄展览会资料、在国内外同类展览会上宣传推广、在网上宣传推广、通过有关协会和商会宣传推广、利用外国驻华机构和我国驻外机构做宣传等多种渠道进行。

3. 招展宣传推广的时间和地域安排

招展宣传推广在时间和地域的分布和安排上要注意与招展实际工作紧密配合，并且要走在招展实际工作的前面，为招展工作造声势、造知名度。宣传推广在时间上要连贯，要有统一的理念和策略作指导；在地域上要因地制宜，但又不彼此冲突。

除招展宣传推广外，展览会宣传推广工作还包括展览会招商宣传推广和展览会整体宣传推广。

1.4.5 招展预算

招展预算是为招展各项工作的顺利进行而做的费用支出预算。它是在各招展工作筹划基本已定的基础上，对展览会招展可能需要的费用支出作出的整体安排和具体支出计划。招展预算的编制应从招展工作的实际需要出发，本着统筹安排、合理利用的原则，实事求是地编制。

展览会的直接招展费用主要内容如下。

（1）招展人员费用，包括招展工作人员的工资、差旅费、办公费等。
（2）招展宣传推广费用。
（3）代理费用。
（4）招展资料的编印和邮寄费用。
（5）招展公关费用。
（6）其他不可预见的费用。

招展预算要编制得细致，费用支出要安排得合理，能满足招展工作顺利开展的需要。招展预算还要本着节约的原则，只有确实需要支出的费用才可进入预算支出，这样可以严格控制展览会的招展成本，防止招展费用失控。另外，招展预算的费用支出要注意在时间安排上与招展工作的实际需要相配合，不能出现工作开始时费用充足而最后费用不够，或者是开始不愿支出而最后拼命追加费用支出等不良现象。

1.4.6 招展进度计划

所谓招展进度计划，就是在招展工作开始实施之前，就对招展工作及其要达到的效果进行统筹规划，事先安排好什么时候该开展什么样的招展活动、采取什么样的招展措施、到什么阶段招展工作要达到什么样的效果、完成什么样的任务等。有了招展进度安排，就可以对展览会招展工作进行总体控制和监督，及时对照检查，发现问题、调整策略，使招展工作能更顺利地完成，从而保证展览会成功举办。拓展进度安排一般用表格的形式来表现，见表1-7。

表1-7 招展进度计划表样张

时间	招展措施	宣传推广支持	计划完成的招展任务

有了这样一张招展进度计划表，就可以有条不紊地按计划开展招展活动，并对招展效果及时检查，如果发现没有达到招展阶段性目标，就及时采取补救措施，促进招展任务的顺利完成。

招展进度计划一旦制订，就要按该计划将招展工作一步步地展开，努力按计划完成每阶段的招展任务。当然，如果具体情况发生了变化，招展进度计划也可以进行局部调整以适应新情况的需要；但是，如果不是该计划制订得不合理，招展进度计划一般不要做过多的大幅度调整，否则招展工作进度将会受到很大影响。

课后练习题

1. 填空题

（1）招展价格——列明展览会的_____制定该价格的_____。

（2）展览会招展分工涉及两方面的内容：_____分工安排和_____分工安排。

（3）支付给代理商的佣金要根据代理的_____、代理期限的_____、代理商的_____等来综合确定。

（4）招展人员费用，包括招展工作人员的_____、_____、_____。

会展策划

2. 判断题

（1）如果分工不合理，有些单位就会缺乏招展的积极性，或者有些招展任务根本就是某些招展单位力所不能及的，这将严重影响展览会的整体招展效果。（   ）

（2）招展预算是为招展各项工作进行而做的费用支出预算。（   ）

（3）招展预算是在各招展工作筹划开始前，对展览会招展可能需要的费用支出作出的整体安排和具体支出计划。（   ）

3. 简答题

（1）代理商的责任都包含哪些？

（2）简述招展宣传推广的渠道。

（3）简述招展进度计划表的形式。

任务 1.5 展览会招商策划

学习目标

知识目标：了解招商项目的基本内容和特点，明确内容之间的相互关系，了解每项内容中的策划技巧。

能力目标：掌握招商策划的一般性流程和策划技巧并根据已知的会展项目进行招商方案的策划。

素质目标：培养学生感恩他人，要有团队精神。

1.5.1 展览会招商方案的基本内容

展览会招商方案是为展览会邀请观众而制定的具体执行方案，它是在充分了解展览会展品的需求市场的基础上，合理地安排招商人员在适当的时间里通过合适的渠道而进行的展览会招商活动，是对展览会招商活动进行的总体安排和规划，目的是力求保证展览会开幕时能有足够的观众到会参观。展览会招商方案邀请的重点观众是那些符合展览会需要的专业观众。不过，如果展览会因为需要一定数量的普通观众到会参观也会对普通观众开放，这样展览会招商的对象就还要包括普通观众。为此，招商方案的内容要兼顾到对这两类观众的招商。展览会招商方案常要包含以下内容。

1. 展览会招商分工

展览会招商分工包括对各办展单位之间的招商分工进行安排，对本单位内部招商人员及招商工作分工进行安排，对各招商地区的分工进行安排等。

2. 展览会通讯及观众邀请函的编印和发送计划

该计划包括这两份文件的内容规划、印制数量、编印办法和发送范围与方法等。

3. 招商渠道和措施

招商渠道和措施提出展览会招商计划使用的各种渠道，以及针对各招商渠道计划采取怎样的招商措施。

4. 招商宣传推广计划

招商宣传推广计划包括对配合展览会招商所做的各种招商宣传推广活动作出规划和安排。

5. 招商预算

招商预算对各项招商活动的费用支出作出初步预算，以便展览会及时、合理地安排各种所需费用的支出。

6. 招商进度安排

招商进度安排对展览会的各项招商活动进度作出总体规划和安排，以便控制展览会招商工作的进程，确保届时展览会有足够数量和一定质量的观众到会参观。

1.5.2 招商分工

展览会招商分工涉及的内容有两个方面：办展单位之间的招商分工和本单位内部招商人员的安排及其分工。

1. 各办展单位之间的招商分工

办展单位每招到一个参展商就会给它带来直接的经济收益，和招展不同，办展单位招到观众往往不能直接给它带来看得见的经济收益。展览会招商工作经济效益的这种隐形性和间接性使一些展览会常常会出现"重招展、轻招商"的错误倾向。当展览会是由几个单位联合举办时，这种现象更为突出。结果，使得展览会开幕后到会观众不理想，展览会展出效果不能令人满意。

为避免出现上述不利局面，当展览会是由几个单位联合举办时，必须明确展览会的招商工作是由谁来负责；如果展览会的招商工作是由各办展单位共同来负责的，就必须明确各办展单位之间的招商分工。各办展单位之间的招商分工，包括明确各单位必须共同遵守的招商原则、对各单位负责的招商地区（或行业）和重点目标观众的划分、对招商费用的预算和支付办法的规定、对重点目标观众的邀请和接待的安排等。

对各单位的招商分工必须合理，并经常进行协调。由于展览会招商效益具有间接性，如果招商分工不合理，有些单位就会缺乏招商的积极性，这将严重影响展览会的整体招商效果。由于展览会招商效果具有隐形性，如果展览会的招商工作不进行经常性的协调，各单位之间的招商工作就会出现步调不一致的混乱局面。

总之，对各单位的招商分工一定要结合各单位的招商实力，充分发挥各单位的优势，做到优势互补，圆满做好展览会的招商工作。

2. 本单位内招商人员及其分工安排

有时候，尽管展览会是由几家单位联合举办的，但展览会的招商工作往往还是由其中的一家单位来负责。不管展览会的招商工作是由几个单位共同负责,还是只由本单位一家负责,有招商任务的单位都要对本单位的招商人员及其分工作出安排。

对本单位的招商人员及其分工作出安排,首先,要确定主要负责招商的人员的名单,明确其主要任务是进行展览会招商而不是招展;其次,要明确各招商人员负责招商的地区范围和重点目标观众;再次,要制定各招商人员的信息沟通和工作协调办法;最后,对重点目标观众要制订统一的接待安排计划。

1.5.3 招商渠道

不管展览会招商是几个单位共同负责,还是由一家单位来负责,展览会招商都要通过一定的渠道来进行。展览会招商的渠道,见表1-8。

表1-8 展览会招商渠道

渠　　道	描　　述
专业媒体	主要是针对专业观众,可以合作招商,也可以做广告
大众媒体	主要是针对普通观众,在比较临近展会开幕时进行
行业协会和商会	针对专业观众,是展会理想的合作招商伙伴
国内外同类展会	观众的范围也基本相同,是一个理想的招商场所
参展商	尽量让每一个参展商都带自己的客户群来展会参观
网络	传递信息迅速便利,联系广泛
国内外办展单位	与这些单位合作招商,能很好地优势互补
国际组织	与它们合作往往能很好地带动国外观众到会参观
招商代理	是与办展单位紧密合作专门进行展会招商的单位
外国驻华机构	与它们合作能较好地带动国外观众到会参观
政府有关部门	政府的行业主管部门对行业的影响仍然很大
举办相关活动	可以在展会开幕前或展览期间以事件营销的方式招商

根据展览会的实际情况,对于上述招商渠道,可以有选择地采用其中的一个,也可以同时采用几个渠道进行展览会招商。

1.5.4 招商宣传推广

展览会招商宣传推广是为促进展览会更好的招商而有目的有针对性地举行的一些宣传推广活动,这些宣传推广活动是围绕着展览会招商的目标而制定的,有很强的目的性和配合性。在展览会招商方案里,我们要提出展览会招商宣传推广计划,包括宣传推广的策略、渠道、时间和地域安排以及费用预算等。

(1)招商宣传推广的策略。包括宣传推广的出发点、主题、亮点等。在策略上要注意紧扣展览会的定位和主题,突出展览会的优势和个性化特色,从客户的角度出发,处处为客户的利益着想。

（2）招商宣传推广的渠道。如前面提到的各种渠道，可以根据招商工作的实际需要来选择和组合利用。

（3）招商宣传推广的时间和地域安排。招商宣传推广在时间的安排和地域的分布上要注意与招商的实际工作紧密配合，并且要走在招商实际工作的前面，为招商工作造声势、造知名度。宣传推广在时间上要连贯，要有统一的理念和策略作指导；在地域上要因地制宜。在重点招商的时间段和重点招商的地区，要加大宣传推广力度，增强宣传推广的针对性。

展览会招商宣传推广是展览会整体宣传推广中的一项重要内容，在这里，我们只简单介绍招商宣传推广的基本原则。

■ **经典案例**

2013北京体博会（如图1-10所示）的招商亮点

亮点一：亚太区规模最大、最权威的体育用品盛会。
亮点二：中国唯一的国家级、国际化、专业化的体育用品展会。
亮点三：体育用品企业品牌推广和渠道拓展的助推器。
亮点四：全球体育品牌进入中国市场的捷径，中国体育品牌向世界展示实力的重要窗口。
亮点五：体育用品与体育文化的综合性产业展示平台。

图1-10　2013北京体博会

1.5.5　招商预算

招商预算是为招商各项工作顺利进行而做的费用支出预算，它是在各项招商工作筹划基本已定的基础上，对展览会招商可能需要的费用支出作出的整体安排和具体支出的计划。编制招商预算，应从招商工作的实际需要出发，本着统筹安排、合理利用的原则，实事求是地进行。展览会的直接招商费用主要包括：

(1) 招商人员费用。包括招商工作人员的工资、差旅费、办公费等。
(2) 招商宣传推广费用。
(3) 招商代理费用。
(4) 招商资料的编印和邮寄费用。
(5) 招商公关费用。
(6) 其他不可预见的费用。

■ 经典案例

招商代理费用案例
"中国汽车的明天"全国大学生汽车平面设计大赛

项目	费用	回报
总冠名	50万	将在全国参与高校内统一制作的宣传海报上体现冠名企业名称
		将在全国参与高校内统一制作现场横幅，喷绘上体现冠名企业名称
		将向全国参与高校的参与人员发送企业宣传资料，宣传企业文化
		将在中国门户网站搜狐网、湖南门户网站红网上全面刊登大赛作品，置顶位置体现冠名企业名称
		将在潇湘晨报等全国主流媒体、专业汽车杂志、户外广告位等媒介上大量投放大赛形象宣传广告，明显位置体现冠名企业名称
		全国各大媒体密集的全程跟踪报道、企业专访
		颁奖典礼现场背景突出位置体现冠名企业名称
		颁奖典礼现场提供企业广告位、播放企业宣传片等
		赠送长沙车博会巨幅户外广告位一块
		赠送长沙车博会会刊广告1P
		奖杯、证书等附属用品均体现冠名企业名称
		冠名企业领导参与颁奖
		其他
招商方向		汽车及汽车相关行业

招商预算的编制要本着节约的原则。只有确实需要支出的费用才可进入预算支出，这样可以严格控制展览会招商成本，防止招商费用失控。招商预算还要编制得细

致,费用支出安排要合理,能满足招商工作顺利开展的需要。费用支出安排要注意在时间上与招商工作的实际需要相配合,不能出现开始时费用充足而最后费用不够,或者是开始不愿支出而最后拼命追加费用支出等不良现象。

1.5.6 招商进度计划

招商进度计划是对展览会招商工作及其要达到的效果进行统筹规划,事先安排好什么时候该开展什么样的招商活动,采取什么样的招商措施,到什么阶段招商工作要达到什么样的效果,完成什么样的任务等。

展览会招商工作是一项阶段性和时间性都很强的工作。一方面,当展览会筹备工作进行到不同的阶段时,就要相应地采取不同的招商措施予以配合,不然,招商的效果就会不太理想;另一方面,展览会招商工作要非常注意时间安排的合理性和配套性,注意"到什么时候做什么事",如果时间安排不合理,招商工作的效果将微乎其微,难见成效。

展览会招商进度计划一般用表格的形式来表现,见表1-9。

表1-9 展览会招商进度计划表样张

时间	招商措施	宣传推广支持	计划达到的招商效果

有了这样一张招商进度计划表,就可以有条不紊地按计划开展招商活动,并对各阶段的招商效果及时进行检查。如果发现没有达到招商的阶段性目标,就可以及时采取补救措施,促进招商任务的顺利完成。

课后练习题

1. 填空题

(1)展览会招商分工包括对各办展单位之间的_____进行安排,对本单位_____进行安排,_____进行安排等。

(2)招商人员费用包括招商工作人员的_____、_____、_____等。

(3)招商宣传推广的策略包括_____的出发点、主题、亮点等。

2. 判断题

(1)展览会招商宣传推广是为促进展览会更好的招商而有目的有针对性地举行的一些宣传推广活动,这些宣传推广活动是围绕着展览会而制定的。 ( )

（2）办展单位每招到一个参展商就会给它带来直接的经济收益，办展单位招到观众往往可以直接给它带来看得见的经济收益。（　　）

（3）展览会是由几家单位联合举办的，展览会的招商工作往往也是由这几家单位来负责。（　　）

3. 简答题

（1）展览会的直接招商费用主要包括哪些？

（2）什么是展览会招商方案？

（3）招商进度计划的具体内容是什么？

任务1.6　展览会整体宣传推广计划

学习目标

知识目标： 了解展会整体宣传推广的特点和作用，明确展会宣传推广的途径。

能力目标： 掌握展会整体宣传推广的途径有哪些。根据展会前期的策划有针对性地进行宣传推广方案的策划，并根据展会特点进行有创新性的推广方案。

素质目标： 培养学生具有发散性思维的意识，培养其创新能力。

1.6.1　展览会整体宣传推广的特点

展览会整体宣传推广工作是展览会的"导航器"，很多客户都是通过展览会宣传推广活动才开始认识和了解展览会的。很多展览会都指定专门的人员来负责宣传推广工作。展览会整体宣传推广是一项复杂的工作，肩负的任务多，工作量大，如果不了解它的特点，通常较难把握并容易出差错。展览会整体宣传推广具有以下一些特点。

1. 整体性

展览会整体宣传推广的任务是多重的，它服务于整个展览会，它要兼顾促进展览会招展、促进展览会招商、建立展览会的良好形象和创造展览会竞争优势、协助业务代表和代理们顺利展开工作、指导内部员工如何对待客户等五大任务，要处处注意展览会的整体利益，不能因为要实现其中的某一个目标而妨碍其他目标的实现。

2. 阶段性

展览会整体宣传推广的五个任务不是同时实现的，它们是随着展览会筹备工作的进展和展览会的实际需要而分步骤和分阶段逐步实现的。展览会宣传的阶段性很强，展览会发展到什么阶段就进行什么样的宣传推广工作，必须十分清晰和明显。

1 展览会策划

3. 计划性

展览会整体宣传推广的任务多、阶段性强，这就要求在展览会一开始筹备时就必须认真规划好展览会的宣传推广工作，照顾到展览会筹备工作各方面对宣传推广的需要，给展览会筹备工作以强有力的全方位的支持。

4. 本质上是一种对服务的宣传

展览会只是各种展览会服务的一个有形载体，参展商和观众之所以要参加展览会，是因为他们想得到展览会提供的各种服务，如果他们享受不到这些服务，展览会对参展商和观众来说就形同虚设。所以，从本质上看，展览会宣传推广是在宣传和推广展览会的各种服务。

5. 是一种多媒体和多渠道的组合宣传推广

各媒体和渠道的宣传推广安排，要求时间上协调，口径上统一，内容上各有侧重，效果上互相补充，这样，展览会整体宣传推广对展览会发展的促进作用才最明显。

【知识链接】

上海国际包装和食品加工技术展的宣传通告

感谢您报名参加上海国际包装和食品加工技术展！

打造一流的专业化展会是我们不懈追求的目标，而专业观众的质量是展会成功的重要标志之一，今年我们在专业观众促进方面加强了以下几方面的工作，希望得到您一如既往的支持与帮助。

（1）展会网站升级改版，增加了对参展企业的宣传力度。

（2）印制详细的展前预览，让观众了解展会的规模和展品，即提供给您，由您派发给客户，也随参观券广为寄发；如果您无暇寄送，我们乐于代劳，烦请提供详细的地址。

（3）印发观众的嘉宾邀请函，每一个参展企业可以邀请部分贵宾观众，贵宾观众将免费得到展会会刊和展会主办单位赠送的纪念品。

（4）除了在国内的30多家专业报纸、杂志、网站上大力宣传展会外，今年还在一些比较受关注的大众媒体及财经报刊上投入广告，力求观众的最大化。并在东南亚、印度、俄罗斯等周边国家的专业媒体上增大了广告力度。同时，我们还充分利用同国内外同类展会合作的机会，广为邀请海外客户。

（5）直接邮寄参观券是最直接邀请客户的方法，在保留这一传统方法的同时，我们把历届观众统计数据细化分类，对大、中型的食品生产企业给予特别的关注，加入电子邮件、电话直邀等多种促进手段，确保观众到场率。

（6）展会结束后，给每个参展企业提供一份观众数据分析报告，同时附有一份意见和建议表，以此收集厂商的意见和建议，以便我们改进工作，不断完善展会的服务。

展会是我们共同的展会，观众是我们共同的上帝，展会的不断发展壮大也是我们共同的愿望，希望我们双方的共同努力，使展会取得圆满成功！

1.6.2 制订展览会整体宣传推广计划的步骤

一般来说，制订展览会整体宣传推广计划的步骤有6个：目标、投入、信息、资料、渠道和评估。

1. 目标

确定展览会宣传推广所希望达到的目标，如前面提到的招展、招商、建立展览会形象等五大任务。制订展览会整体宣传推广计划首先要明确宣传推广的任务是什么，这样才能有目的地去实施各种宣传推广工作；否则，展览会宣传推广工作就会变得无的放矢。展览会宣传推广目标具有一定的阶段性，在展览会筹备的不同阶段其主要任务也有所差别，如前期偏重于招展，后期偏重于招商等。

2. 投入

确定为了达到上述宣传推广目标所需要的资金投入，一般以"展览会宣传推广预算"来体现。展览会宣传推广预算可以先按宣传渠道的不同来分别制定，如专业媒体宣传投入预算、大众媒体宣传投入预算等，然后再将各渠道的预算汇总成展览会宣传推广的总预算。从国际普遍的做法来看，办展单位一般会将展览会收入的10%～20%拿出来作为展览会宣传推广的资金投入。

3. 信息

确定展览会宣传推广需要向外界传递怎样的信息，如展览会的办展理念、展览会的优势和特点、展览会的VI形象等。不管要向外界传递的是怎样的信息，这些信息都必须是真实可靠且具有较高的可信度的。另外，传递的信息要具有自己的特色，具有差别性和排他性，这样才能起到更好的宣传效果，才不会被其他信息所淹没。

4. 资料

确定制作什么样的宣传资料来承载上述信息。在制作宣传资料时要注意遵循以下几点：第一，针对性。每一种宣传资料都必须有自己具体的目标客户。第二，系统性。各种宣传资料既有自己的特色，又互相配合，互相补充。第三，专业性。资料在制作上要符合展览业的要求，在内容上要能反映行业的特点和展览会的特色，要在具有国际化的同时又兼顾到各国的不同文化差异。第四，统一性。各种宣传资料在宣传口径上要统一，在各种数据、理念和VI形象上要一致，并要继承上届展览会的宣传信息，如图1-11所示。

图1-11 各种宣传资料

5. 渠道

确定展览会宣传推广的渠道，或者说要确定采用哪种渠道将展览会信息传递出去。展览会宣传推广的渠道很多，如专业媒体、大众媒体、同类展览会、电子商务、直接邮寄、事件推广、公共关系等。这些渠道各有特色，要善于选择和利用。

6. 评估

测量展会宣传推广的质量与效果，评估展会宣传推广目标完成的状况如何。展会宣传推广的效果可以分为即时效果、近期效果和远期效果。对这些效果的评估可以从观众、参展商和展会功能定位三个方面来进行，也可以从宣传的传播效果、宣传的促销效果和宣传的形象效果三个方面来评估。展会的宣传推广效果具有滞后性、交融性和隐含性等特征，有时候较难测定，对此我们必须采取科学的方法。

1.6.3 展览会整体宣传推广计划的内容

仅从宣传推广的方式上看，展览会整体宣传推广主要包括以下内容。

（1）广告。包括在专业报纸杂志、大众媒体、网站、广播电视、户外媒介（如户外广告牌、交通工具等）、包装媒介等各种载体上做的各种广告。

（2）软性文章和图片。包括在专业报纸杂志、大众媒体、网站、广播电视等媒体上刊登的各种对展览会的评论、报道、特写和消息以及相关图片等。这是一种隐形的广告，其可信度较高，也容易被受众所接受，如图1-12、图1-13所示。

（3）直接邮寄。包括向客户直接邮寄的各种展览会宣传资料如展览会宣传、展览会说明、观众邀请函等。直接邮寄针对性强，效率高，效果明显。

（4）新闻发布会。包括在展览会筹备期间以及展览会开幕前后就展览会的有关情况举行新闻发布会。举行新闻发布会的前提是即将发布的内容一定要有新闻价值，否则，就可以改为以邀请记者进行现场采访的方式来代替新闻发布会。

（5）人员推广。包括展览会有关工作人员对各机构和客户的直接拜访，电话、传真和E-mail联络等。人员推广能最直接地和客户进行一对一的沟通，能很好地联络客户的感情，倾听客户的声音。

【知识链接】

　　1月5日入住上海动物园的10只"世博大熊猫",如今在上海新家快乐地生活着。它们已接受多次体检,结果均正常,食量、睡眠、行为习惯都没有变化,预计近日将与游客见面,几只"世博大熊猫"在隔离区室外活动场内玩耍,如图1-12所示。"世博大熊猫"饲养组组长李果在为大熊猫准备晚餐(如图1-13所示)。

图1-12　世博大熊猫

图1-13　李果在为大熊猫准备晚餐

　　(6) 展览会推广。包括在国内外各种同类展览会上作宣传推广活动。

　　(7) 机构推广。包括与各行业协会和商会、国内外的办展单位、国际组织、外国驻华机构和政府主管部门合作进行的各种推广活动。

　　(8) 公共关系。展会组织者为改善与社会公众的关系,促进公众对展会组织的认识、理解及支持,达到树立良好组织形象、促进商品销售为目的的一系列促销活动。

（9）展览会相关活动。在展览会开幕前或展览期间举办的各种活动如会议、表演和比赛等，可以起到"事件营销"的作用。

（10）网站。在展览会自己或其他网站上宣传推广。

在策划展览会的整体宣传推广计划时，为优势互补和发挥各种宣传推广方式的最大效用，常将上述各种宣传推广方式分别融入各种具体实施计划之中，这些计划主要有5种，包括新闻发布会计划、专业媒体宣传推广计划、同类展览会宣传推广计划、大众媒体宣传推广计划、专项宣传推广计划等。在1.6.4节将对上述计划作一一介绍。

除以上内容，展览会整体宣传推广计划还包括"宣传推广预算""宣传推广目标""宣传推广策略"和"展览会宣传推广进度计划"等内容，由于这些内容和前面有关项目里讲述的相关内容极为相似，在这里就不再重复论述了。图1-14所示为中国会展网对展会的宣传。

图1-14　中国会展网

1.6.4　展览会整体宣传推广实施计划

展览会整体宣传推广实施计划是展览会整体宣传推广工作的具体实施方案，主要有6个方面的内容：新闻发布会计划、专业媒体宣传推广计划、同类展览会宣传推广计划、大众媒体宣传推广计划、专项宣传推广计划和展览会宣传推广进度计划。

1. 新闻发布会计划

新闻发布会是展览会常用的宣传推广方式之一，也是展览会与新闻界加强联系的有效办法。新闻采访和报道一般是免费的，而新闻报道的可信度又比较高，效果也不错。因此，如果组织得好，新闻发布会是一项成本低而效益高的展览会宣传推广手段。

1）召开新闻发布会的时机

展览会从开始筹备到最后开幕，这期间可以视需要组织多次新闻发布会。比如，在展览会筹备之初、在展览会招展工作基本结束时、在展览会开幕前、在展览会闭幕时都是召开新闻发布会的绝好时机。在这些时候召开新闻发布会，对展览会具有较大的促进作用。

在展览会筹备之初召开新闻发布会，一般是向新闻界介绍举办展览会的时间、地点、办展目的、展览会主题、展品范围和展览会的发展前景等。发布会的目的主要是要通过新闻界告知行业人士，在某时某地将有一个十分有发展前景的展览会要举办。这时召开新闻发布会，主要是起一种"消息发布"和"事件提示"的作用。

在展览会招展工作基本结束时，有些展览会也会就展览会的筹备进展情况、参展商的特点及构成等情况举行新闻发布会，通过新闻发布会告诉社会展览会的进展情况，吸引展览会的目标观众届时到会参观，对尚未决定参展的目标参展商提供进一步的参展激励。

在展览会开幕前，绝大多数展览会都会召开新闻发布会，向外通报展览会的特点、参展商的特点和构成、展览会的招商情况、展品范围、贵宾邀请等内容。在展览会开幕前召开的新闻发布会是一次十分重要的发布会，很多展览会都会精心组织，广泛邀请记者与会。

在展览会闭幕时召开的新闻发布会一般是向外界通报展览会的展出效果、展出者的收获、参展商和观众的构成和特点、贵宾参观情况、展望展览会的未来发展等内容。这种发布会就像是展览会的总结，如果组织得好，对下一届展览会的筹备会有一定的帮助。图1-15所示为中国2010年上海世博会新闻发布会。

图 1-15　中国 2010 年上海世博会新闻发布会

2）新闻发布会的筹备

在确定了新闻发布会的发布时间以后，组织召开新闻发布会还要准备好以下一些内容：

（1）确定发布会的地点。召开新闻发布会的地点可以在展览会的举办地，也可以不在展览会的举办地，须视展览会的具体需要而定。从实际操作看，很多展览会都将展览会开幕时和闭幕后的发布会放在展览会举办地召开。

（2）确定出席发布会的媒体及相关人员。发布会要选择合适的媒体参加才有效果，如果交给不合适的媒体，再好的新闻材料也会被浪费。参加发布会的媒体一定是对目标参展商和观众有较大影响的媒体。除了新闻媒体，还可以邀请一些行业协会、工商部门、政府主管机构、外国驻华机构、参展商代表等单位的人员参加。需要注意的是，参加新闻发布会的媒体人员不应该仅仅是记者，还可以邀请一些专栏评论员、摄影师、编辑和其他有舆论导向作用的人员参加。上述人员的全面参与有助于展览会获得更高的报道率。

（3）确定发布会的主持人。发布会的主持人可以是有关行业协会或商会的领导、办展单位的负责人、政府主管部门的官员等，也可以由上述机构共同来主持。

（4）确定发布会要发布的内容。发布会内容应视发布会召开的时间不同而各有侧重，如前所述。发布会的内容可以编成各种新闻资料，如新闻稿、特别报道、特写、新闻图片、专题报道等。这些新闻资料一定要口径一致，并重点突出。

（5）确定发布会的召开程序。新闻发布会的程序一般是：办展单位、行业协会或政府主管部门有关领导讲话，展览会信息发布和展示，记者提问。有关领导的讲话要简短，其所占用的时间不要超过展览会信息发布和展示的时间，且要精心准备回答记者可能提出的各种问题，避免冷场。发布会的时间不应太长，一般认为最好不要超过一个小时。

发布会结束以后，还要及时跟踪和收集各媒体的报道情况。如果有媒体需要更详细的资料，要及时提供；如果一时提供不了，可以安排有关媒体进行实地采访和拍摄。

2. 专业媒体宣传推广计划

这里所说的专业媒体，是指展览会展览题材有关行业的专业报纸、杂志、展览会目录、展览会会刊和专业网站等。这些媒体直接面对展览会的目标参展商与目标观众，是展览会首选的宣传推广媒介。图 1-16 所示为国内两本会展专业的杂志。

图 1-16　会展专业杂志

展览会在专业媒体上进行宣传推广的方式主要有广告、软性文章与图片、机构推广3种。展览会通常将这3种方式结合使用以达到最佳效果，其中，机构推广的具体做法很多，如委托专业媒体随刊邮寄展览会邀请函、宣传单和门票等。在选择具体媒体和推广方式时，要考虑以下因素。

1）客户规模与市场占有率

某专业媒体所覆盖的目标客户规模越大，在它上面做宣传的效果越好，对每一个目标客户单项推广活动的成本越低。市场占有率对展览会的宣传推广决策有重大影响，当展览会的市场占有率还较低时，宣传推广的边际效用随着宣传推广投入的提高而上升很快；当市场占有率达到一定的程度时，宣传推广的边际效用就开始下降。所以，对于市场占有率较高的展览会，增加宣传推广投入的效果不大；但对于那些市场占有率较低的展览会，适当地提高宣传推广投入则会达到更好的效果。

【知识链接】

中国长春汽博会的专业媒体宣传有哪些？

电视媒体：长春电视台旗下的5个频道定时播出汽博会的相关节目或制作相关的汽车类节目给予报道。

平面媒体：城市晚报、长春日报和新文化报等长春主要报刊进行大范围的现场报道。汽车类的杂志也进行了全方位的报道和点评。

网络媒体：长春信息港进行了汽车版块的扩大宣传。

2）竞争与干扰

如果竞争的同类展览会较多，展览会的宣传推广投入就要大一些，这样才能让客户在众多的竞争者中听到本展览会的声音；如果其他展览会对本展览会的替代性较强，宣传推广的力度就要加大。此外，如果一个媒体上的广告很多，不管这些广告是竞争者的还是非竞争者的，它们都会分散客户的注意力，这时，宣传推广的力度就应该适当提高一些。

3）展览会发展阶段

在展览会发展的不同阶段，宣传推广的目的和作用是有差别的。在展览会的创立阶段，为了让市场尽快知道本展览会，宣传推广的力度要大一些；在展览会的培育阶段，为了建立展览会品牌，宣传推广的力度也不应缩减；在展览会的成熟期，因客户对展览会已经比较了解，宣传推广的力度可以小一些；当展览会进入衰退期，宣传推广的力度也可以小一些，但如果展览会此时正在转型，为了突显展览会的创新措施与服务，宣传推广的力度还应该大一些。

1 展览会策划

【知识链接】

展会发展阶段详解

一般来说，展览的生命周期体现在4个阶段：①创立期：创立期由展览的决策者发现机遇，投入资源开始，这个阶段，主要是对展览会的培育和尝试过程。在此过程中，展览在不断挖掘参展商，积累客户资源，增加行业影响。此阶段在财务上表现为不断的财务投入，同时生命力比较脆弱，很容易因为外界不利影响或不当运作而消亡。②成长期/发展期：当创立期展览把握了正确的市场脉搏，同时经过了正确的运作，一般都能随着时间的推移越来越大，随着展商的增加，展览收支达到平衡（一般在200~300个展位左右）。这种达到财务盈亏平衡点后的展览就进入了成长期或发展期。发展期的展览具有较强的生命力，其运营模式开始成熟，越来越多的忠诚客户保证了展览的利润来源，展览品牌具有越来越大的影响力，一切都向着良好的方向发展。参展商数量在不断增加、展览面积在扩大，观众数量在增加，行业影响力增强，品牌开始形成。③成熟期：进入成熟期后，展览呈现了"购销两旺"的景象，展商和观众对展览的认可度达到顶峰，资源配置达到最大化，财务上表现为巨额利润，为展览的拥有者回报了大量的财富。④衰退期：就如同任何生命都有生老病死一样，展览也不可避免的有其衰退期。由于国家宏观政策的变化、行业的衰退、价值点的转移、展览的不当运作、展览组织者的思想意识趋于老化、收购和转让等主观和客观的原因，处于成熟期的展览开始衰退，在形式上表现为越来越低的沟通效率、展商和观众数量的减少、质量的下降、满意度降低；在财务上表现为下降的利润等。这时，积极的展览主办者会及时调整展览结构和价值点，平稳过渡到相邻的主题或行业，下一个周期开始了。

来自好会展网

4）宣传推广的频率

对于一般的广告信息，客户一般要接触几次才能产生印象或者记忆。一般认为，目标客户在一个参展周期里需要接触到3次广告信息才能产生对该广告的记忆；接触的次数超过5次，影响力就开始递减；当接触的次数超过8次时，广告将产生负面作用。所以，宣传推广的频率并不是越密集越好，展览会在进行宣传推广时，要结合宣传的有效传递情况来确定适当的频率，通常认为，在一个参展周期里让目标客户接触到6次广告信息为最佳频率。

根据需要，展览会常以"专业媒体宣传推广计划表"的形式来规划其在专业媒体上的宣传推广计划，见表1-10。

会展策划

表1-10 专业媒体宣传推广计划表样张

媒体名称	期数	时间	推广形式	规格尺寸	价格	合计	备注

3. 大众媒体宣传推广计划

这里所说的大众媒体，是指各种面向普通大众的报纸、网站、电视、广播、户外广告媒体、交通广告媒体、包装媒体、焦点媒体等，这些媒体既面对展览会的目标参展商与专业观众，也面对展览会的普通观众。

展览会宣传推广对大众媒体的使用与对专业媒体的使用有一定的差别：首先，从使用目的上看，展览会在大众媒体上进行宣传推广一般是为了更好地树立展览会的形象，建立展览会品牌，或者是吸引普通观众到会参观，它对展览会招展与吸引专业观众的作用不如专业媒体大；其次，从使用的阶段上看，展览会在大众媒体上进行宣传推广一般是在展览会刚创立时，或者是在每届展览会即将开幕时进行，而在展览会筹备的其他时候进行得较少；最后，从功能上看，展览会在大众媒体上进行宣传推广在很多时候是作为对展览会其他推广方式的一种补充而出现的，它不是展览会宣传推广的主要方式。

展览会利用大众媒体进行宣传推广也可以采用广告、软性文章与图片、机构推广等3种形式。其中，广告的媒体载体选择更为广泛，除报纸、电视、广播和网站外，户外广告媒体、交通广告媒体、包装媒体和焦点媒体也是展览会广告经常出现的地方。户外媒体广告是指在户外公共场所使用广告牌、霓虹灯、灯箱等进行的广告宣传；交通媒体广告是指利用车、船、飞机场和地铁等公共设施所做的广告；包装媒体广告是指在包装袋和包装盒等包装材料上做的广告；焦点媒体广告是指在展馆、大型商店和酒店等场所或周围所做的广告，如图1-17所示。

图1-17 灯箱广告

1 展览会策划

在选择在哪种媒体上做宣传推广时,要考虑到宣传推广预算的制约。宣传的费用是影响媒体选择的一个重要因素,在不同的媒体上进行宣传推广的费用有很大的差别。考虑宣传费用的大小,不仅要考虑绝对宣传成本,还要考虑相对宣传成本。绝对宣传成本是指每次宣传推广的费用总支出额;相对宣传成本通常用每一千个目标客户接触到媒体的费用来计算,它更能反映宣传的实际效果。宣传推广的时间安排也是进行展览会宣传推广策划时需要仔细考虑的另一个重要因素。不管是在哪种媒体上做宣传,宣传的时间安排方式一般有3种:第一,集中时间安排。即将宣传推广集中安排在某一段时间内,以在较短时间内迅速形成强大的宣传攻势。第二,连续时间安排。即在一定时间里均匀地安排宣传推广活动,使展览会的信息经常反复在目标市场出现以逐步加深客户的印象。第三,间歇时间安排。即间断地安排展览会的宣传推广活动,在一段时间的宣传推广后停一段时间再做宣传。这3种时间安排方式各有利弊。例如,集中时间安排方式适合在开拓新市场、集中招展或招商时使用;连续时间安排方式适合展览会已经有一定影响、客户参展参观安排以理智动机为主的时候使用;间歇时间安排方式适合在产品季节性较强或者展览会宣传费用不足时使用。至于究竟采用哪种时间安排方式,展览会要根据自己的实际情况来最后确定。

确定了何时、以何种形式在哪些大众媒体上进行宣传推广以后,就可以将它们制作成"大众媒体宣传推广计划表",见表1-11。

表1-11 大众媒体宣传推广计划表样张

媒体类型	推广形式	规格尺寸	时间	地点	价格	金额合计	备注

在展览会进行宣传推广时,在专业媒体和在大众媒体上进行的宣传推广各有其优势,也各有其劣势,在做展览会宣传推广时要注意扬长避短,将两者结合使用。两者的优缺点对比见表1-12。

表1-12 展览会在专业媒体和大众媒体上宣传推广优缺点对比

	专业媒体	大众媒体
优点	受众稳定,适应范围广	时效性强,传播速度快
	针对性强,富有专业特性	覆盖面广,读者群大
	表现手法灵活,信息容量大	制作简单,手法灵活
	寿命较长,重复出现率高	具有一定的新闻性和可信度
缺点	时效性较差	寿命较短
	版面位置选择性较差	费用较高
	对普通观众作用不大	对专业观众作用不大
	覆盖范围有限	抗干扰能力较差

4. 同类展览会宣传推广计划

国内外举办的同类展览会是展览会目标客户最为集中的地方,在这些展览会上进行宣传推广,费用较低,效果最好。在国内外同类展览会上进行宣传推广活动,可以根据同类展览会与本展览会竞争关系的不同而采取不同的形式,通常有:

（1）互换展位。互相在对方展览会上设立展位进行宣传推广。这适用于在彼此竞争性不强的展览会之间进行。

（2）在对方展览会的会刊里刊登本展览会的信息或者宣传广告。如果展览会彼此竞争性不强,而派出人员到对方展览会进行宣传推广的费用又太高时可以采用这种形式。

（3）在对方展览会开幕期间举行关于本展览会的新闻发布会。对于一些结成战略联盟的办展单位或者展览会,可以在对方展览会开幕期间,在展览会里举行关于本展览会的新闻发布会;如果彼此有一定的竞争关系,可以选择在该展览会附近或其他适当的地方举办。

（4）互相在对方展览会的专门网站里发布关于本展览会的信息或广告,或者双方网站互相建立友情链接。

（5）代为派发对方展览会的宣传资料。可以委托对方展览会在展览会里适当的地方如信息咨询台等地代为派发本展览会的宣传资料。这种资料派发可以是单方面付费有偿的,也可以是双方免费互换的。

（6）派出人员在同类展览会上展开推广活动。如果展览会彼此具有一定的竞争关系,上述方式将难以实现。这时,可以派出人员到该展览会上进行专门的宣传推广活动,如向目标客户派发本展览会的宣传资料等。

上述推广方式组合使用的效果往往会更好。例如,互换展位、互相在对方会刊里做广告、网站互相链接等可以同时进行,这样信息传播的范围将更广泛,宣传推广的目标更容易达到。

确定了在哪些同类展览会上做宣传推广活动,并确定了将要采用哪种宣传推广形式以后,就可以将它们制作成"同类展览会宣传推广计划表",见表1-13。

表1-13 同类展览会宣传推广计划表样张

展会名称	时间	推广形式	费用预算	推广目标	备注

在同类展览会上进行宣传推广有许多优点:第一,可以直接面对目标客户,与客户进行面对面的交流;第二,信息传达灵活,可以给目标客户以最直接的宣传刺激;第三,容易与目标客户建立关系,可以即时得到客户的反应;第四,容易引起目标客

户的注意，迅速产生推广效果。

在同类展览会上进行宣传推广也有其局限性：第一，宣传推广方式的选择受展览会彼此之间竞争关系的影响较大，缺乏一定的灵活性；第二，有些推广方式费用较高；第三，每个展览会的客户群都是有限的，宣传推广的目标客户的范围因此也有一定的局限性。

> **新知识**
>
> ### 移动会展——全新的展会信息交流平台
>
> 随着信息化的发展，各种展会信息的发布渠道也全面拓展开来，谁能抓住更多的渠道发布展会信息，就能掌握主动，赢得先机。获得企业的最大交流发展，带来潜在的收益。
>
> 目前各种企业信息的发布在于传统平面媒体和互联网媒体，随着手机移动网络时代的进步发展，传统互联网形式正在走向移动应用，移动应用的发展更加方便了实时的交流沟通。各种移动应用终端为会展行业的发展带来的新的机遇，给企业参展、交流、商谈提供了实时的沟通工具，为各行业展会信息的发布提供了一个实时的载体，方便了大众实时的查询各行业展会信息，为企业带来先机。其中会展通就是一个展会查询，商谈交流、点评的移动应用终端。会展通可以查询全国各行业展会信息，提供企业参展信息，交流和查询，并且还提供大众对展会的评价功能，方便参展企业和大众的实时交流。
>
> 展会的目的在于提供一个企业和企业，企业和用户之间面对面的交流场所，企业主要在于展示自己的产品、技术、实用性，了解竞争对手、找寻新的供应商，找新客户等。用户参观展会的主要目的是了解所关注领域的行业情况，了解新技术和新产品，以及现场更多具体的信息进行比较，引导消费等。各种移动应用终端的发展为用户提供了更加详细和方便的交流平台，使展会交流趋于大众化、多元化。
>
> 随着移动应用的快速发展，各种展会信息平台的出现，必将带来展会发展的一个新趋势。

5. 专项宣传推广计划

1) 专项宣传推广计划的主要方式

除上述宣传推广方式外，展览会通常还会采用一些专项宣传推广方式来进行宣传推广。这些专项宣传推广方式主要有：

（1）人员推广。展览会直接派出工作人员通过登门拜访、电话交谈等形式直接与目标市场的客户建立联系，传递展览会信息的一种推广方式。人员推广信息反馈及时，具有一定的亲和力和说服力。但人员推广的费用一般都较高，其能接触到的客户数量也较为有限。

（2）直接邮寄。展览会直接向目标客户邮寄展览会的各种宣传资料。直接邮寄有赖于展览会客户数据库的完整性和准确性，也有人因此把它称为"数据库营销"。直接邮寄针对性极强，效果也较好，但费用也较高。

直接邮寄的优点

（1）包括的信息十分详细全面。
（2）用邮件的方式寄给顾客，缩短了与顾客之间的心灵距离。
（3）特别能巩固与老顾客之间的关系。
（4）直邮的对象是经过认真筛选的，具有很强的针对性，比其他营销工具减少了许多盲目性，如图1-18所示。

图1-18　邀请函

（3）公共关系。公共关系是展览会利用各种传播手段与社会公众沟通、建立良好的社会形象和经营环境的活动。公共关系的作用面很广，传播手段较多，着眼于展览会的形象和长远发展。

（4）机构推广。展览会与有关媒体、国际组织、行业协会和商会、国内外其他办展单位和政府主管部门等机构合作，共同推广本展览会的一种宣传推广方式，如委托上述机构代为发放展览会宣传资料、代为组织观众、代为在会员中宣传本展览会等。

（5）相关活动。有时候也叫"事件推广"或"事件营销"。在展览会开幕前或展览期间举办一系列的相关活动，也是展览会进行宣传推广的一种重要方式。

2）影响以上方式组合的因素

上述5种专项宣传推广方式常被组合起来综合使用。例如，人员推广与直接邮寄相结合、公共关系与相关活动相结合等。并且，这5种专项宣传推广方式也经常与前面所讲的新闻发布会、专业媒体、同类展览会和大众媒体等宣传推广方式组合使用，这些方式如果组合得好，宣传推广的效果将倍增。一般认为，影响这些宣传推广方式组合的因素主要有：

（1）展览会的类型。不同题材和功能的展览会，其目标参展商和目标观众也不一样，展览会的宣传推广组合也应不同。进一步讲，即使是同题材的展览会，其主要功能不同，宣传推广的组合也应不同。

（2）展览会的营销策略。展览会是采用"推"的宣传推广策略还是"拉"的宣传推广策略，对展览会的宣传组合也有较大的影响。

（3）客户特性。客户参展和参观决策受个人对展览会认识深度的影响。一般认为客户的认识深度可以分为3个层次：认识阶段、动心阶段、行动阶段。认识阶段是指客户对展览会开始认识到初步了解这一阶段；动心阶段是指客户对展览会开始产生兴趣并逐步信赖展览会的这一阶段；行动阶段是指客户进行参展或者参观这一阶段。对处于不同阶段的客户，不同的宣传方式的效果差别很大。

（4）市场特性。展览会展览题材所在的产业市场是处于"买方市场"状态还是"卖方市场"状态，对展览会宣传组合的影响很大。

（5）展览会发展阶段。展览会是处于培育期、发展期、成熟期还是衰退期对展览会宣传组合的影响很大。

（6）宣传推广费用预算的大小。费用预算的大小对宣传推广方式的选择具有很大的制约作用，如果预算不足，有些较昂贵的宣传推广方式就不能使用。

在确定了宣传推广的方式、时间和地点以后，可以将它们制作成"展览会专项宣传推广计划表"，见表1-14。

表1-14 展览会专项宣传推广计划表样张

推广形式	推广时间	推广地点	推广目标	费用预算	备注

6. 展览会整体宣传推广进度计划

展览会整体宣传推广进度计划，是为配合展览会筹备、招展和招商等工作的需要而对展览会的整体宣传推广工作及其要达到的效果进行的统筹规划和事先安排。它计划好到什么时候该开展什么样的宣传推广活动，采取什么样的宣传推广组合，达到什么样的宣传推广效果等。

展览会整体宣传推广工作是一项计划性和系统性都很强的工作。一方面，它要密切配合展览会筹备、招展和招商等工作的展开，必须事先严密计划，精心安排；另一方面,它要非常注意时间安排的系统配套性,否则,宣传推广的效果将难见成效。

展览会整体宣传推广工作服务于展览会筹备、招展和招商等工作,并受它们的影响;展览会整体宣传推广进度计划的制订处处要考虑到它们的需要,要与其他工作进度相配合。同时,展览会宣传推广工作又独立于展览会筹备、招展和招商等工作之外。展览会宣传推广工作计划一旦制订之后,除非中途出现重大变故,否则就不轻易改变。这样,就可以排除其他因素的干扰,对展览会宣传推广工作进行总体控制和监督。

展览会宣传推广进度计划一般用表格的形式来表现,见表 1-15。

表 1-15　展览会宣传推广进度计划表样张

时间	宣传推广组合	宣传推广措施	宣传推广效果	费用预算	备注

有了这样一张整体宣传推广进度计划表,就可以有条不紊地按计划开展展览会的宣传推广工作,并对各阶段的宣传推广效果及时进行检查。如果没有达到宣传推广的阶段性目标,就可以及时采取补救措施,促进宣传推广各项任务的顺利完成。

新知识

展会的传播要素

展会的直接传播者是参展者,间接传播者是展会的组织者即主办单位。展会的组织者是参展者和观众之间的桥梁,在项目策划确定之后,进行大量宣传活动传达有关展会的信息。一方面邀请或招商,告诉潜在的参展者如果参加展会能达到怎样的效应。另一方面作广告,告诉观众展会上会有哪些参展者出现。高质量的参展者才能吸引大数量的观众,大数量的观众也才能吸引高质量的参展者,它们相互作用,相互促进,对展会的成败至关重要。

参展者是直接面对观众的传播者,是展会主角。参展者在参展之前必须了解信息接受者的需求,同时给自己定位,确立参展目标和展出内容,以更有效地传达。参展者对于观众来说是传播者,但在整个展会活动中,在对外展示自身的同时接受和收集其他参展者的信息,这也是参展的另外一个主要目的。因此展会中传播者也是受传者,拥有双重身份。

1 展览会策划

专业观众和普通观众都是展会的受众。专业观众是与展会内容密切相关的技术人员和市场人员,是参展企业潜在的客户,他们往往并非销售终端。大多数展会的内容与生活息息相关,因此吸引大量的普通观众。如今举办展会的专业细分在加强,但专业程度在分化,除少数展会保持高度专业性外,多数展会越来越兼容了大众性。

参展者在展厅都会拥有自己的空间,或大或小。通过对这块空间的利用,构建形象、陈列展品等手法形成负载信息的物质实体——展台。参展者所有的信息都发源于此,它是展会的媒介。展台是综合的信息的媒介,汇集了几乎所有的媒介形式。

1) 实物媒介——展品

传播一般被定义为人类借助符号交流信息的活动。符号是信息传播过程中人们为了传递信息而用以指代某种事物和意义的中介。实物"集信息源、信息载体于一身,信息就是信息源本身"是展会重要的媒介,小到芯片大到起重机甚至飞机真实地摆在观众面前,它所传达的展品信息的有效性是任何其他媒介不能比拟的。

2) 口语媒介

展会上很注重人际传播,每个展台都会有工作人员面对面地给观众讲解、答疑,与观众洽谈,商机就在其中。有的大型展台上会有定时的技术讲座,以扩展信息的深度。口语传播是直接的、生动的,反馈迅速灵活,结合实物和展台的环境氛围更加真实而有效。因此口语也是展会媒介的重要形式之一。

此外,与展览会同期还通常举办多场正规的专业讲座或研讨会,更加细分和深化信息,更有效地传达给专业人士。

3) 印刷媒介

此处并非指报刊等大众传播的印刷媒介,而是配合实物展示的文字、示意图、图片等,它们多通过印刷、打印或喷绘手段出现在展板或标牌上,是实物有益的补充说明。

4) 电子媒介

包括电视、等离子电视、电视墙、投影、LED显示屏、电脑触摸屏等,最新的视频音频技术设备总会及时地出现在展台上。它们进一步在时间维度上传达展品信息;并诠释抽象的文化精神;同时也起到营造氛围的作用。

5) 新媒体——网络

展台有限的空间所容纳的信息量相对于参展者来说,只是极少的一部分,但它是参展者最想表达的内容,相当于广告的诉求点。现在许多展台上都会连接互联网或局域网,在信息量上作有效的补充和无限的延伸。

6) 现场演出和活动

国内展会的大型展台通常会设有小舞台进行喧闹的歌舞表演和有奖竞猜活动。国外的展会虽然安静得多,但也会有定时的技术讲座和表演。例如在柏林家电展上,一些大企业的展台上演出哑剧,表现其产品使用起来是多么方便和有效。这些活动的主要目的是更加生动地演示展品、烘托气氛、吸引观众,形式上冲击力很强烈,但内容表达得不多。

课后练习题

1. 填空题

（1）展览会整体宣传推广的 5 个任务不是同时实现的，它们是随着_____工作的进展和_____而分步骤和分阶段逐步实现的。

（2）展览会整体宣传推广的任务多、阶段性强，这就要求在_____筹备时就必须认真规划好展览会的宣传推广工作。

（3）在选择在哪种媒体上做宣传推广时，要考虑到_____的制约。

2. 判断题

（1）展览会闭幕时召开的新闻发布会，如果组织得好，对本届展览会的总结工作会有一定的帮助。（　　）

（2）召开新闻发布会的地点可以在展览会的举办地，也可以不在展览会的举办地，须视展览会的具体需要而定。（　　）

（3）如果竞争的同类展览会较多，展览会的宣传推广投入就要相对较小一些。（　　）

3. 简答题

（1）什么是展览会发展阶段？
（2）简述展览会整体宣传推广工作的重要性。
（3）什么是直接邮寄？

任务 1.7　展览会案例精析

1.7.1　2005 日本爱知世界博览会

日本是第一个举办世界博览会的亚洲国家，已经先后举办了 6 届世博会，其中的 1970 年大阪、1985 年筑波和 2005 年爱知世博会，最为世人瞩目。1970 年，日本首次在大阪成功举办综合性世博会，不仅振奋了本国人民的精神，而且让世人重新认识了日本，创下了世博会历史上最高参观人数的纪录。该届世博会宣扬了以科技创新为主的理念，代表人类科技进步的"月亮石"曾引发了空前的盛况，成为世博会历史上极具影响力的一笔。1985 年，在筑波科技专业世界博览会上，日本大力宣传科技进步将给人类生活带来前所未有的改变和提高，于是积极推动、促进日本高科技产业的发展。筑波世博会结束后，会展场馆被改建为日本国家级科技城，成为日本的科研中心，许多大企业的高科技研发机构均设于此。

2005 日本爱知世界博览会是日本第六次举办的世博会。然而这一次，它一改以往只关注科技成果的路线，提出了自然主义、环保主义的理念，把科技与自然进行了完美的结合。本次世博会以"自然的智能"为主题，旨在通过这次世界博览会，展示和探索人类社会同自然和谐共生的智慧，引导全世界不同国别的人们，为了地球上所有的"生命和未来"，能聚集在一起，共同思考，共同体验和汲取世博会为人们所带来的无穷智慧，促进全世界各国人民之间的文明与文化的大交流。图1-19所示为本次博览会的活动之一。

图1-19 机器人表演节目

1. 人与自然和谐共生智慧的展示和探索

2005日本爱知世界博览会于2005年3月25日至9月25日在日本爱知县的名古屋市东部丘陵举行，展期185天，有121个国家和4个国际组织参展，共接待观众2200万人次。

本届爱知世界博览会一改往日只注重展示科技成果的路线，而把视角投向了自然，把科技和自然结合在一起，让科技顺应自然，也让人们把关注的目光转向我们的生存环境和与我们的生存息息相关的自然。爱知世博会生动展示了大自然美妙的组合以及无穷的生命力，深入探索了人类社会在与大自然和谐共生中所积累的无穷智慧以及相互影响，让观众在参观的同时也共同思考人类社会在21世纪的更富理性的发展之路。

（1）与自然和谐共处的展览。爱知世博会的主题是"自然的睿智"，下设"自然的起源""生活的艺术"和"循环型社会"3个副标题。"自然的起源"是将宇宙、生命和信息紧密联系，展示包括最新的空间技术、生命科学的发展前沿、信息技术的应用等；"生活的艺术"，展示包括尊崇自然的感觉、与大自然和谐相处的生活方式、源于自然的技能、智慧和艺术成果等；"循环型社会"则展示包括全球环境的现状和前景预测、气候变化对生命和环境的影响、资源和能源的循环利用和保护等。

本届世博会被冠名为"爱·地球博"。"爱"除了表示主办地爱知县外，蕴涵的更大主题和深刻寓意便是"爱"与"地球"，即人类如何实现与地球这个生养人类的自然环境的和谐共处，这也是在全球化背景下人类最为关注的一个话题。这在以"自然的睿智"为主题的世博会场的方方面面都得以展现。首先，在场馆建设上因地制宜，力图不破坏展馆周边的自然环境。爱知世博会主会场为长久手会场，其占地不到2平方千米，以爱知青少年公园原来的自然地形和设施为主体搭建的。为了不破坏会址所在的丘陵地带，主办方以一条架空的环路连接起整个会场。并且为了方便会后拆除、最大限度地还原会址地貌，各大场馆均采用了犹如搭积木式的标准单元格。但作为一个如此大规模的国际性博览会来说，完全不移动原有公园建筑物或树木是不可能的。然而，长久手会场也不是简单地拆除和丢弃，将不得不拆除的建筑物的废料，用作会场其他地方建设的材料，而必须移动的树木则移植到其他地方。这些措施尽可能地维持了会场周边的自然面貌，保护了那里的自然生态，从会展主办者自身做到了与自然的和谐相处。图1-20所示为场馆外景图。

图1-20　场馆外景图

其次，无处不在的环保措施得到切实落实。人类与自然和谐发展除了在世博会的展览当中得到表现之外，在世博会的其他方面也得到了淋漓尽致的体现。在垃圾处理和绿色能源的利用上，爱知世博会的主办者和参与者都各显神通，在环保过程中，将那些使用后的废物进行分解后再循环利用。

世博会每天接待众多游客，必然会产生大量垃圾。爱知世博会使用的一次性餐具和垃圾袋，都采用最新由植物原料制作而成的可分解性塑料。所有的垃圾经分解后，都可作为农田肥料使用。作为一个以环境为主题的世博会，在处理垃圾问题上，为世界做了很好的表率。图1-21所示为环保垃圾箱。

干净的能源是建设未来循环型社会的重要课题。在如何获取绿色能源的问题上，世博会各展馆各显神通。丰田馆早在1年前就在爱知县附近设立了风力发电机，先把所发的电卖给当地的电力公司，再通过该电力公司给展馆供电。而日立馆则在馆前设立了能够两面受光的太阳能电池板，发电后直接向馆内输电。

（2）关注我们的自然环境。爱知世博会以突出表现自然的睿智为主体，把人们从高楼林立的钢铁都市丛林重新带回到了充满生机与活力的绿色大自然，让人们在与大自然的亲密接触中，感受到大自然在孕育地球生命过程中所起的重要作用。

1 展览会策划

图1-21　环保垃圾箱

20世纪是人类科技大发展的世纪，人们在不断更新的科技当中享受着现代生活的美妙快捷，这是人类发展的一大进步。但是在最初的发展中，人们只注意到了成绩而忽视了地球付出的代价。城市的扩建造成大量森林草场被毁，河流海洋污染。随着汽车的增多，我们的清洁空气也越来越少，而温室效应的危机也正在威胁着整个地球。经济的发展、信息的交流促成了全球化的形成，也带来了环境问题的全球化。因此现在建设环保循环型的社会，保护维持我们生存的地球母亲成为各国人民关注的问题。

在爱知世博会上，虽然新技术和新概念仍是抢眼的看点，然而，同时也传递这样一个重要的信息：未来与地球和谐共处的生活方式并不一定都需要先进的技术和庞大的财力，更多的时候是需要一种意识和责任，那就是着眼于把科技运用于有助于人类环保生活和自然的和谐发展。

2. 以人为本、便捷和谐的公共服务系统

爱知世博会在交通系统、服务系统的整体规划上，充分考虑"以人为本、和谐自然"的理念。他们利用便利平坦的通道和快捷通畅的交通线路，为参观者尽量提供方便。为了建立对环境影响最小的交通系统，他们将机场、铁路和中枢运输的巴士等交通手段组合连接起来，形成一个公共交通枢纽。他们还建立了交通指挥控制系统，以确保博览会会场周围的交通安全和道路通畅，使用多种高科技技术为游客提供各种便捷的服务。

（1）便捷的会场外交通。为了配合爱知世博会的举办，位于名古屋中部的国际机场于2000年开始动工建设，到2005年全面建成并开始启用，机场外形设计像一艘起航的大船。为了符合本届"自然的智能"主题，新机场吸纳了全世界最先进的节能、环保的高新技术建设理念，力求成为世界一流的空中门户。世博会开幕后，大量的观光客涌来，整个机场就像一个热闹非凡的"主题公园"。

为了方便游客抵达世博会会场，日本政府特别开通了地铁东山线藤之丘站连接世博会会场的磁悬浮列车，车站设在世博会会场的北入口处。这种磁悬浮列车的噪声及震动均十分轻微，乘坐十分舒适。此外，还开通了直达会场的专线环状列车。这些便捷的交通措施节能高效，方便了游客的到达，也缩短了参观者同世博会的距离。

（2）人性化的会场内交通。"全球环路"是整个长久手会场内的主要步行通道，它是一条便利、无障碍的空中回廊，平均廊宽21米，地面高度达14米，连接着全球共通的各个展区。参观者可以非常轻松地在全长2.6千米的空中回廊上漫步游览，并能俯瞰整个世博会的主会场，大约花费一小时，就能享受一次模拟的环球旅行。

IMTS和燃料电池混合的动力客车（如图1-22所示），是在博览会会场内首次运行的新型交通工具，也是展出的高科技项目之一。由丰田公司开发的下一代智能多模式交通系统，依托最尖端的IT技术，使用压缩天然气为燃料。流畅的子弹头设计，饱满小巧的外观体型，体现新一代低公害交通系统发展的新方向。通常由3辆客车在电子系统控制下排成队列，沿轨道行驶。

图1-22 动力客车

连接长久手会场和濑户会场的交通工具，是由纯氢燃料电池和电池组驱动的燃料电池巴士。这种巴士不会排放有害物质，排出的仅仅是水，非常环保。为了能让参观者欣赏到整个会场的美丽景观，"森林爷爷班车"和"森林小子缆车"为那些想要享受空中漫步的游客提供了理想的选择。穿梭在长久手会场、濑户会场间的"森林爷爷缆车"，将隔水相望的两地连成一线，而连接长久手会场南北的"森林小子缆车"，则让乘客有机会从空中俯瞰整个会场的热闹景象。

（3）体现人性化的各种服务设施。除了便捷的交通，爱知世博会的主办者们可谓是面面俱到，还准备了应付各种事件的设备。为方便游客，会场大门旁备有上千辆婴儿手推车（如图1-23所示）和轮椅，供带小孩的家长和腿脚不便的老人使用。世博会占地100公顷，其间有很多道路，除了缆车线路之外，只要是供人通行的地方都很注意防滑。会场中的厕所设有报警装置，一旦有人身体不适或发生意外，只要按下电钮，救护人员会很快赶到。

在信息、安全、清洁等方面使用高科技进行实际操作。在医疗救助方面，可使用源于美国技术的体外自动心脏除颤器，遇到紧急情况，患者或旁人可以从路旁储备箱中自行取出供患者使用。

1 展览会策划

图1-23 婴儿车

在各展馆前，很少有人用大喇叭叫喊，所有信息都通过活动指示牌来显示。会展车站内，也大量使用指示牌引导游客。

随着展会的进行，主办者还不断调整服务措施，力争处处为游客着想。由于组织筹划细致周到，半年展会期间没有发生一起安全事故。这些富含高科技又极富人性化的设备，让游客们既方便安全又有愉快的享受。

(4) 科技带来的和谐服务。从爱知世博会的公共服务设施，我们可以感受到无处不在的科技力量。主办方秉承"科技以人为本"的理念，让科技真正做到了"为人民服务"。爱知世博会的公共设施向我们展示了科技离我们的日常生活并不遥远，科技不仅是生命基因、太空计划等，科技更是公共交通、生活助手等。

3. 深刻而广泛的主题演绎内容

爱知世博会的特点就是充分展示"人与自然和谐共处"的先进科技成果。人类进入21世纪，自然的印象不再完全是原始的，而是一种与科技的结合，使自然能持续而健康的发展，人与自然能够处于和谐状态。因此在爱知世博会上，不论是展示内容，还是世博会的场馆建设、管理服务的各种手段，都将高新技术手段发挥到了淋漓尽致的程度。所以，即将加入人类生活的机器人，节省能源而高效率的未来交通工具，可取代传统能源的新式能源开发技术及环保科技，都是爱知世博会的展示重点。艺术与科技巧妙结合的构思，体现了策划者具有科学技术与文化艺术同样高水平的素质。

(1) "自然的智能"启迪高科技发展。在爱知世界博览会上，丰田、三菱、日立等著名大型日本企业，投入了可观的资金，在显著的位置独立设馆，展现的内容丰富，科技含量也非常先进，以此极力吸引全世界观众的眼球。

进入三菱馆，先以每20人一组，用计算机摄像技术拍摄观众的脸型标准像，在计算机合成的故事情节中扮演角色，以高新技术的科普表演，给人耳目一新的感觉。三菱使观众们在亲身体验科技虚拟世界的同时，也达到了热爱地球的主题宣传效果。"呼吁环保、回归自然"的生态表演给人深深的启发和思考。一出以"鸟的方舟"为主题的表演，表达了人类活动对生态带来的污染，本来自由飞翔的鸟类，面临空间被压缩、大气被毒化、生存环境和条件不断恶化,逐渐走向灭绝。在三菱馆内的表演,结合特殊演出技术以及场景里的阳光、水流、风暴的不断变化,使观众感受到强烈的视觉效果。

日立馆(如图1-24所示)以各种稀有动物为题材,采用最新的IT技术,让观众在亲身"接触"中体验与稀有动物进行交流的惊奇与感动。"地球上最大的生物是地球,让我们留给孩子一个充满生命辉煌的地球。"这是东芝馆的主题,它探索如何将作为一个生命体的光辉地球转交给下一代。馆内最有趣的项目是"宇宙儿童冒险",这是一个太空影像历险旅程,观众可以参加演出,每个人都是片中的主角,让你体验从未有过的惊险与感动,真切感受地球的无可替代性和无比重要性。

图1-24 日立馆

在世界知名企业丰田集团的展馆,循环利用的理念几乎渗透到了展馆的各个细节。丰田集团的展馆钢铁架构是通过摩擦结合施工法搭建的,世博会结束后将拆除,作为建筑材料继续使用。展馆外壁使用的纸材料采取了可再生的孟买麻材料,作为内装饰的一部分采用了培植快、吸收二氧化碳能力强的植物系材料。从丰田集团展馆的设计到建造的各个阶段,都充分考虑了循环性的社会理念,会展结束后,丰田馆所有的建筑材料将实现再使用和再生利用,从而实现建筑废弃物为零的计划。

另外,世博会的日本展区所有的电力供应都是通过现场新能源系统输送的,没有任何污染。在使用新能源上,日本国家展馆以及各个企业展馆,犹如八仙过海各显神通,或者利用太阳能,或者利用风力,或者使用燃料电池等,让来世博会的游客大开眼界。

(2)人类生活的亲密朋友。尽管爱知博览会以"自然的智能"为主题,但是代表高科技的机器人仍然是最炫眼的展品,机器人一直是日本引以为豪的尖端技术之一。这些机器人在爱知世博会上不仅是科技的展览品,而且还在展览中做了很好的服务工作。

负责迎宾的美女机器人被安排在服务处和大会本部接待处,她们通晓中、英、日、韩4种语言中的4万个短句,可以接待来宾和介绍会场。美女机器人有着逼真的眼神,会点头、微笑,甚至做出吃惊的表情,偶尔还会交叠双手。对于敏感的私人问题会拒绝回答,但如果你称赞她漂亮,她会一边道谢一边做出娇羞的样子。

NEC的保姆机器人可以边和人聊天，边和小朋友玩，必要时还可以联系小孩的父母，无疑是小朋友的最爱。三菱未来馆的接待机器人"若凡"，则成了该馆的主角。参观民众争相跟机器人握手，闲话家常。其他还有许多实用的机器人，可以负责会场清扫、警卫和接待工作。

象征环保观念的"森林爷爷（Morizo）"和"森林小子（Kiccoro）"（如图1-25所示）是爱知世博会的吉祥物。大会正式介绍词是："森林爷爷已在森林里住了很久，他和蔼可亲，又不失威严，他知识渊博，又仍充满好奇心，听说爱知世博会的消息愿为爱知世博会尽一臂之力。""森林小子刚出生，喜欢到处乱跑；他精力旺盛，总想观看这、尝试那；他特别希望在爱知世博会上结交许多新朋友。"

图1-25 吉祥物

这些机器人，不仅形象可爱而且功能强大，在帮助人类完成一些日常任务的同时，也拉近了与人类的关系，拉近了科技与人类之间的距离。

4. 汇合各种智慧、文化和创意的"地球大交流"

爱知世博会能够成功举办成一届颇具特色的世博会，很重要的一点是主办国确立的主题，易于让广大参展者通过深刻广泛的创意，将人类与大自然相互依存的关系演绎得淋漓尽致，由此进一步吸引了广大参观者，并与参观者达到情感上的共鸣。

爱知世博会共有121个国家和4个国际组织参展，各国的主题馆均深具特色，不仅将世博会的主题，通过各种文化理念和技术手段进行了广泛而深刻的演绎，还从知识性、艺术性、人文学、美学等方面进行了深刻的挖掘和创意。

1）各具特色的主题演绎

（1）长久手日本馆——演绎主题的代表作。长久手日本馆作为主办国的展馆，全面地演绎和展示了爱知世博会的主题——自然的睿智。

长久手日本馆的外观犹如一个蚕茧状的巨大竹笼，这是受蛹、茧和地球大气层的启发而设计的（如图1-26所示）。"竹笼"长90米、宽70米、高14米，它可以使阳光变得柔和，保持展馆通风、凉爽宜人。竹子经过特殊的烟熏处理，克服了发霉、龟裂、虫害等弱点，重量轻，重新利用性能优异；竹纤维的吸音性能和隔热性能优越；把竹子编成6股使用，则使整个建筑既美观大方，又坚韧牢固。这里应用了各种各样的新技术，包括采用最尖端技术的新能源系统、降低空调负荷的竹笼、超亲水性光触媒钛钢板流水降温屋顶，通过植物叶子的蒸腾给周围带来清凉的绿化墙和可重归土壤的外墙和砖。

图1-26 长久手日本馆

走进长久手日本馆，3个展区和"地球之家"依次展现在人们面前。

①展区1展示的主题是"人类共同的危机——人类和自然的关系渐趋疏远"。展区利用银幕上充满动感的景象，使观众感受到心灵的震撼，深刻了解了地球正在发生着人类和自然的冲突。

②展区2围绕"日本的经验——日本人是如何把生活和自然连接起来的"。这一展区带领观众领略20世纪60年代日本人的生活和自然的联系所发生的变化，通过视觉了解日本人生活的真实风景以及能源消费的增大，寻找未来富裕生活应有的状态。

③展区3则重点展示"自然的气息——生命的闪耀"。设计师团队在展区3的大厅中布置了应用相似建筑材料的人造森林。这个人造森林空间的空气和水分、光和影、负离子、地面的软硬程度，与其参考的原型——位于日本鹿儿岛的一处原始森林的各种参数基本相同。参观者能舒适地感受到自然的气息，并能轻松自由地漫步，与多种自然相遇，进而发现自然与人类的诸多联系。

（2）英国馆——这里是大自然的天地。英国在1851年成功举办了第一届世博会，开创了近、现代人类能够进行文明、文化交流的一个新载体。历经了150多年的风风雨雨，世博会也成为人类文化活动的一个品牌。

英国馆是一个具有（4个模块）1296平方米的大展馆（如图1-27所示）。英国馆展厅的外墙立面不是通常所见的，展馆的大门和四周是自然栗色木围栏，木板上以树叶花纹镂空雕刻，透过花纹可以看到花园里茂盛的树木，进门便步入了一个地道的英式花园。

这里是大自然的天地，完全没有意念中的高科技展品或夺人眼球的视觉冲击。40多株酸橙树枝繁叶茂，整齐地布满园中，下方栽植了英国乡土的许多草本花卉，是那么芬芳葱郁。园中一组原始图腾状的抽象木雕与休息座椅有机结合，供游人观赏和休憩。绿色平静了尘世的喧嚣和浮躁，恬适的心情在自然林木花草中悠然而生。

展馆内的所有展品都在展示大自然的美景和智慧，展厅内的中央天顶有一张巨大的屏幕，屏幕上以单色淡淡地投射着不同的花卉图案，垂直屏幕上不时出现一些不同动物和鸟类的脚印。室内展品围绕中央屏幕安置，总共有7件，其名为"蜂逐花朵""空穴来风""游鱼戏水""蝙蝠探物""蜘蛛人攀岩""摇滚文字"。这些展品都需要参

1 展览会策划

图 1-27　英国馆

观者的参与才能展现出它的效果，让人们在亲自参与中了解自然的神奇和人类如何利用仿生原理发明科学技术，让观众在参与互动的观赏中得到自然的启迪，同时也展示英国解绎自然的能力，这些作品是英国科学家和艺术家的合作演绎。英国馆所有展品的创意、设计都源于自然、表现自然，以自然与人的关系，阐述着爱知世博会主题"自然的睿智"。但是，透过展示又巧妙地折射了另一个观点：自然是人类智慧的母亲。正是大自然最美妙的创意，创造出自然万物之灵——人，才使世界变得富有诗意。

（3）中国从日本接过世博会接力棒。由于中国是下一届世博会的主办国，所以中国馆格外引人注目。中国文化在历史上曾有很长时间占据世界主流地位，本次世博会是 1982 年以来中国政府最为重视、投入最多的一次，也是中国重新进入世界文化主流的一种尝试。中国馆的创意旨在展示泱泱大国孕育的灿烂文明，充分体现了传统中国文化的源远流长。

中国馆若隐若现，在亚洲展区的最深处（如图 1-28 所示），1620 平方米的占地面积使它成为最大的外国展馆之一。中国馆外观用藤条编制而成的十二生肖代表了中国传统的吉祥喜庆，刻在墙体上部的"百家姓"汉字象征了中国文化的博大精深，墙壁下方栩栩如生的龙壁则寓意中国人是龙的传人。中国馆的展览内容有 8 个亮点，共同的特点就是通过传统与现代、文化与科技的结合来展现当代中国人的生活艺术。

图 1-28　中国馆

2005年5月19日定为大会中国日,吴仪副总理亲临主持开馆仪式,在场的日本学生手持中日两国国旗。我国残疾人艺术团应邀在现场表演"千手观音",赢得在场参观人士一而再、再而三的热烈掌声。为了配合下届上海世博会的主题"城市,让生活更美好",中国馆将本次主题定为"自然、城市、和谐——生活的艺术"。中国馆大胆地采用了饱满的绿色调,从远古的青铜器到现代的"生命之树",绿色是唯一的诠释,加之艺术的提炼,体现了生命与自然的融合相契。中国馆对现代高科技的融合运用也给予了同样的关注,首次采用了"光造动影"的高新技术,可将进入参观场地的游客以影像的形式融入到大自然中,十分新奇有趣。

另外,美国馆以"富兰克林精神"为主题,透过富兰克林从打雷发现电的故事,说明美国强调开拓、创造的立国精神(如图1-29所示)。同时还展出由火星探测器从1亿7000多千米外火星传回的大量火星地表照片。西班牙馆采用大教堂外形设计,大量使用西班牙传统建筑素材,如格子窗及马赛克。法国馆的主题是"可持续开发",以"未来免遭危害,要从现在做起"作为可持续开发的理念。在演播大厅播放的相关影像、立体展示、虚拟实境、互动广场、抽象作品等内容,让参观者完全置身于充满高科技的大自然中。

图1-29 美国馆

2)创造出浓郁交流气氛的文化和谐

在各国各具特色的主题展示中,不仅展示了各国先进的科技水平,也体现了各国本身丰富的文化底蕴。在这个全球性的盛会中,科技拉近了人与人的距离,而各国不同文化的展示也加深了各国人民的了解,形成了世界不同民族间文化的和谐交流。在展览期间的文艺表演与文化活动,也是传递世博会主题的重要形式。在爱知世博会期间,来自世界各国的7000多项活动缤纷绽放,带动全球文化的大交流。世博会圆顶活动大礼堂、世博会活动礼堂、爱·地球广场、日本广场、全球共同展区公共广场、全球环路等,甚至会场的每一处,都在上演精彩纷呈的活动。从热闹的游行演出到高雅的音乐会,从竞技性的相扑运动到独具特色的歌舞伎表演,活动内容极其丰富。参与的人员范围也非常广泛,来自世界各地的人们,上至一流艺术家,下至普通市民百姓,都在世博会的舞台上寻找到尽情展示的空间,在愉快的文化活动中让人们了解不同民族的文化习俗,不断加深相互间的交流与理解,在相互展示中创造出浓郁的交流气氛与和谐文化。

3）了解地球，爱护家园

参加爱知世博会的所有国家和地区及组织，在场馆主题的选择和场馆的布置上都各具特色，充满了本国的特点和智慧，但他们都无一例外的力图体现"自然"这一大的主题。人们意识到自己已经离万物之母的自然太远，通过各国的共同努力，世博会让人们重新了解了地球，了解了自然。自然是充满生命力甚至是有情感的。参观者通过学习地球与人类的历史，观看地球美丽的身姿，接触最尖端的技术和新的知识，来重新认识自然，培育出爱护地球、想象地球未来的心灵。主办者的努力得到了回报，参观者从众多的展馆中，体验到了地球、自然美妙多姿的身影，认识到地球母亲所受到的创伤，让人们从自身做起，切实爱护自己的地球家园。

5. 评析

爱知世博会是一届颇具特色的世博会，它抛弃了以往只重科技成果展示的模式，把科技同自然、人类生活紧密地结合在一起，创造出了人类与自然、科技与自然共同和谐的一幕。在博览会中科技创造出了自然与人类和谐共处的景象，既突出了博览会"自然的睿智"这一环保主题，也切实地实现了环保、循环的目标，为建设环保社会和人类的可持续发展描绘出了一幅美丽的前景。爱知世博会的这些成绩对即将举办2010年上海世博会的中国来说具有很好的启迪作用，博览会的成功与否不仅要考虑到展品的价值，而且也要注重博览会的社会效益，只有关注社会、关注人类发展的展览，才能引起参观者心灵上的共鸣，才能得到世界真正的关注。图1-30所示为爱知世博会的吉祥物森林小子和森林爷爷。

图1-30　森林小子和森林爷爷

当然，本届世博会的组织也存在一些不足。一个突出问题是，主办方对参观人数估计失误。原先估计每天参观人数最多不会超过20万。但实际上单日参观人数最多达到了28万。人多之后，会场、交通工具都明显拥挤，造成观众等待时间较长。另外，世博会长久手会场除了迎宾馆和主要道路外，其他展馆设施等全部拆除，据称拆除费用约100亿日元，这多少有些"物未尽其用"的遗憾。本届世博会还有一个缺陷,就是会外语的服务人员太少,很多志愿服务者对外国观众只能比比划划,沟通存在障碍,影响了服务质量。

1.7.2 平遥国际摄影大展

古城平遥,是中国现存最为完整的一座古代县级市,曾一度是富甲天下的商贸金融城市。在2.25平方千米的土地上,纵横交错的100多条大街小巷的两边,保存着10世纪以来的店铺民居、庙宇建筑或艺术珍品。1986年,平遥被国务院确定为国家历史文化名城,1997年,联合国教科文组织将平遥古城列入世界文化遗产。图1-31所示为2011平遥国际摄影大展。

图1-31　2011年平遥国际摄影大展

2001年,在国家文化部、国务院新闻办的支持下,山西省委宣传部以本省对外文化交流协会的名义,与中国艺术摄影学会和晋中市委、平遥县政府共同创办了平遥国际摄影节,第二年改名为平遥国际摄影大展。平遥这个世界文化遗产榜上有名的汉民族古城,与摄影艺术的首次嫁接就吸引了来自16个国家和地区的100多位国外摄影家和1000多名国内摄影界的人士参与。琳琅满目的展览,内容丰富的研讨和各种各样的文化活动,使平遥国际摄影大展在国内外一炮走红,到2006年已经连续举办了6届,在国内外摄影界产生较大影响。2005年荣膺国际节庆协会颁发的"中国最具国际影响力十大节庆活动"称号。在杭州举办的第二届中国节庆产业年会上,又被评为"2006年度中国十大赛事博览节庆"和"2006年度中国最具潜力节庆"。因此,了解、分析一个有着2700年历史的古城,是怎样与一向以反映中西时尚、融会前卫内容和形式而著称的摄影艺术嫁接成功,而且梅开六度且持续兴盛的现象,应该能给其他会展活动的举办提供一些启示。

1. 昔日晋商摇篮,今朝摄影名城

山西,是中华民族的重要发祥地之一,历来人文荟萃,历史积淀极为深厚。有这样一种振聋发聩的说法:"十年中国看深圳,百年中国看上海,千年中国看北京,三千年中国看陕西,五千年中国看山西"。这说明山西在中国历史上处于一个非常重要的位置。

通过大量的史料,我们不难发现,在100多年以前,中国最富有的省份不是江浙、广东,而是山西,这里是全国事实上的金融贸易中心。在清代的全国商业领域中,为数最多、资本最厚、分布最广的也是来自山西的商人。明清以来,晋商称雄国内商界5个多世纪,晋商的成功就源于他们对中国儒家精神的深厚体验,源于对现实社会的准确了解,源于对国计民生的深刻关怀。他们是在一定的历史条件下自觉和不自觉地发扬了一种特殊精神,它包括诚信精神,进取精神,敬业精神,群众精神,我们可以把它归之为"晋商精神",也可谓之"晋商之魂"。在晋商当中,又以平遥、祁县、太谷等地人数最多,实力最为雄厚,称为晋商"摇篮"。

清末,正当晋商在中国大地纵横捭阖,写尽商海风流之际,远在大洋彼岸的法兰西共和国召开了一项将会影响未来世界的重大会议。1839年8月,法国科学院和艺术学院举行了一次特别会议,向社会正式宣布达盖儿式摄影术诞生,从此,摄影便在法国进而在欧洲乃至全世界迅速传播开来。随着实用技术和器材的日益发展,摄影之树才得以较快地发展,并长出了许多枝条,比如新闻摄影、时装摄影、广告摄影、医学摄影、立体摄影、艺术摄影、数码摄影等,所有这一切都先后迅速发展起来。经过近170年的历史,摄影已经从一个贵族式的玩意儿走进寻常百姓家,成为现代生活不可或缺的重要组成部分。1997年,当平遥古城以其悠久的历史、典型的汉民族建筑群和丰富多彩的民族文化被联合国教科文组织收入世界文化遗产名录时,山西和平遥的有识之士就一直不断地思索,如何充分发挥世界文化遗产这张名片的作用,让世界进一步了解平遥、了解山西,促进山西旅游业的发展。最终,他们选择了在平遥古城举办现代而时尚的国际摄影节。经过一段时间的筹备,由山西省对外文化交流协会、中国艺术摄影学会主办的我国首次大规模国际图片交易盛会、山西省最大的专项国际文化交流活动——平遥国际摄影节在硕果累累的金秋拉开帷幕。于是,看似不相干的古城与摄影在2001年被首次嫁接在一起,成就了摄影界的一段佳话,圆了无数摄影人的梦。来自法、英、美、德、西班牙、新加坡等国家的数百名摄影家以及中国的港澳台地区和全国各省市的数千名摄影人士相聚在平遥,共同见证这一中外摄影人的盛会。图1-32所示为平遥古城。

图1-32 平遥古城

平遥国际摄影节的内容十分丰富，包括国际摄影大师在内的经典摄影作品展、新闻摄影、风光摄影、人像摄影等国内外近60个展览，3000多幅照片同时向游人展出。展出的地点也不是人们想象中的艺术馆、博物馆，而是那些原本破败不堪的地方，如柴油机厂、棉纺厂的车间、谷仓、文庙等地方，稍作修饰就成了展示摄影艺术的绝佳场所。白天，中外摄影人揣着相机走街串巷，把他们感兴趣的对象统统收入镜中；每当夜幕降临，黑漆漆的城墙边，巨大的仓库里，都挂上了巨大的白幕，以幻灯片的形式放映各国大师的作品，中外摄影师和图片编辑以及当地农民挤在广场上观看幻灯片，那情景与过去在农村放电影差不多。当以往仅仅在展台上展览的一幅幅有尺寸局限的作品，突然以幻灯片的形式，放大到几十米大小的屏幕上时，影像的震撼和魅力在黑夜中便锋芒毕露。为了满足摄影节期间到平遥的中外摄影人的欲望，当地政府每天都不断组织各种古今的民间文化艺术表演，让摄影人天天都可以拍到精彩民俗表演的场面。平遥到了夜晚，照样歌舞升平，仍然流动着四处赶场的摄影师。平遥城本身成了一个巨大的Party。摄影艺术给古城平遥带来的影响力和冲击力可以说无处不在。在各个展区，都可以看到当地人拖家带口地观看影展。虽然有些摄影作品对专业人士来说都前卫难懂，但当地人都看得津津有味。一位摄影师看着那些来看影展的孩子感慨地说，没准将来平遥就会诞生一位摄影大师。图1-33所示为平遥国际摄影大展部分场景。

图1-33 平遥国际摄影大展部分场景

世界著名的图片代理机构和媒体，也纷纷抢滩摄影大展。世界最大的图片代表机构美国科比斯公司，美国超级图片代理公司和法新社、路透社、《巴黎竞赛》画报、德国《地理》等都登上大展舞台，在平遥古城的各个展区都尽展影像魅力。国内的新华社、《中国国家地理》、《南方都市报》、《北京晚报》等媒体，地理类杂志以及中国商业图片社也都抢滩平遥，忙着"搭台唱戏"，尽量展示自己的报道摄影，与同行交流摄影艺术，特别是图片编辑的运作流程。富有实践精神的成功理念，相信又将导致中国新闻摄影圈内的一次震动。

2. 从"文化名城"到"国际名片"的嬗变

平遥古城其独特的摄影优势，成为让众多外国人、摄影家流连忘返的地方。平遥县在社会各界的支持与配合下,大胆创新,创造性地开辟出对外交流的"文化彼岸"——"平遥国际摄影大展",并在办展过程中不分门派,不论题材与技法,以开放和包容的心态不断总结、完善、提高摄影艺术,由此吸引了全世界各种风格的摄影家赶来展示自己的作品,以至于大展梅开六度,成为国内外知名的、能够展示当代摄影艺术水准的文化品牌。图1-34所示为平遥国际摄影节部分场景。

图1-34 百姓参与摄影展

2001年,大展起步,一炮打响。因是首届,处于探路环节,有许多潜在的主题可供挖掘。2002年,属改进环节,梅开二度,主题定为"世纪中国"。世界著名企业阿尔卡特和欧莱雅加盟大展,94个国内外摄影展览争奇斗艳。2003年,遭遇"非典"。全民在扫除病魔以后,国际摄影大展展览近1万幅图片,其中特别是抗击"非典"的优秀图片,使得全国唯一开展大型国际摄影艺术交流活动的平遥,更加集聚了世人的目光,本届大展主题为"生活·文化",并在中国所有的摄影节中第一次拥有了自己的会歌《永恒的瞬间》。2004年,围绕"文明·发展"的主题,整个大展以从"远古走来""精彩在世界""中国进行时""走到一起来"等为题,分7个展区进行展出。法国华榭菲力柏契出版集团、香港凤凰卫视和中国移动通信集团等加盟大展,使大展在国内外的影响越来越大,效益越来越好,有力地把大展推向一个新的发展阶段。大展以其艺术的示范性极大提升了平遥、晋中乃至全山西人民的文化自觉性和文化自信性,成为山西靓丽的文化品牌。2005年,正值世界反法西斯战争和中国抗日战争胜利60周年这一历史时刻,大展组委会确立了"和平进步"的主题,从而赋予了大展更加深远的现实意义和历史意义。世界各地的摄影师再次相聚古城,用特殊的方式追忆和纪念人类历史上的正义战胜邪恶、光明战胜黑暗、进步战胜反动的伟大胜利,感受古老文明与现代摄影艺术辉映的文化光芒。同时,充分利用大展4年来积累的品牌效应,从全球搜集最能够通过影像来充分展示战争与和平、繁荣与进步的摄影佳作,以此突显大展更加开放的国际化背景,更加多元的文化内涵和更加丰富的影像表现手段,借中国平遥这座世界文化遗产古城,打造崭新的国际摄影名都。2006年,大展迎来了自己的6周年生日。本届大展的主题为"多元和谐"。多元与和谐,意味着社会不同元素的融会与交流,意味着艺术创作风格的多样与统一,也意味着摄影文化与民族文化、世界文化的交融和发展。摄影艺术所表现的客体千姿百态，由此碰撞出多种多样的题材和表现手法，这是世界的多元化所演绎的摄影艺术的多元。于是，不同的语言、不同的肤色、不同的艺术表现形式在这个千年古城中相互交融而达到和谐。本届大展除保留原有的高端摄影展览和学术论坛外，还首次隆重推出图片交易市场和国际艺术院校展区。来自世界 23 个国家和地区的 81 所艺术院校的师生作品浓墨重彩登场并成立"世界艺术摄影院校联盟"，把平遥古城作为一个摄影实验场，一个平台，让这个平台更加显示出青春与活力。图 1-35 所示为平遥国际摄影节部分场景。

图 1-35　摄影展出的新形式

回顾大展十多年来的发展轨迹，我们欣喜地发现，大展自 2001 年起步开始，经历了探索、完善、提高的阶段，现正成功实现转型，逐步走向成熟。10 多年来，有 100 多个国家的上千名外国摄影家和贵宾，其中有不少是国际摄影界公认的大师，国内也有 16000 多名摄影家光临平遥。不同题材、不同国家、不同类别的近千个展览的 6 万多幅多姿多彩的图片在平遥展出。国内观展人数近 500 万人次，共有 600 多家中外新闻媒体的近 2000 名记者云集平遥，以多种形式向世界宣传了平遥，扩大了平遥的影响，提高了平遥的知名度和美誉度，使平遥国际摄影大展成功实现了从文化交流到文化品牌的顺利转型。

从旅游指数看，仅 2001 年在大展举办后的第一个黄金周，到平遥参观的人数就从 2000 年的 3.5 万人增加到 10 万人，以后呈逐年攀升趋势。据统计，10 年来平遥的接待人次达 1000 多万，门票收入 5 亿，综合收入达 50 亿元。不仅如此，组织者还借助举办平遥国际摄影大展之机，把一个单一的摄影艺术行为，向多领域的品牌和平台延伸。在大展期间，成功举办了山西省名优特产节、民间工艺美术节、平遥古城招商洽谈会等活动。多元素的不同类型活动，既依托大展又促进大展，使大展的人气更旺，生命力更强。在中法文化年即将圆满结束之际，作为中法文化年的重要成果之一，中国平遥与同为世界文化遗产，并因其整个城市印证了 11 世纪至 13 世纪欧洲大陆的巨大变迁，在建筑史上被称为展现欧洲经济文化交流初始化阶段的建筑典范——法国普罗万市缔结为友好城市，这象征两个古老城市和中法友谊源远流长、连绵不断，这对平遥而言是一次非常重要的机遇。它将有利于平遥更好地落实改革开放的政策，增进平遥与法国乃至欧盟的对外交往，加速经济、文化、旅游、教育等方面与国际接轨。

10多届的摄影大展，可以说是中国和外国、历史和现代、艺术和经济有机结合的10年。作为一项时尚的文化产业——平遥国际摄影大展，已取得辉煌的成就，古城平遥也焕发出青春靓丽的光彩。从1997年被列入世界文化遗产名录一夜成名，到连续10多年大展的举办，在短短的9年时间内，有着2700年历史的平遥已经产生了质的变化，完成了从一个"文化古城"到"国际名片"的嬗变。东西方文化在平遥完美交融，平遥已成为中国走向世界，世界了解中国的一个窗口。图1-36所示为10年历史回顾展的部分场景。

图1-36　10年平遥国际摄影历程回顾展

3. 再塑东方古城魅力

平遥这座古城，仿佛与摄影艺术有着历史的约定。早在2700年前它建城的时候，它那雄伟的城墙，它那线条感十足的民居建筑，它那古朴的民风，就充分展现出和谐的端倪。在这座古城里，古居民宅全是清一色的青砖灰瓦四合院，其轴线明确，左右对称，特别是砖砌窑洞式的民宅更是具有很浓厚的乡土气息。此外，城池内还建有一些大小庙宇，老式铺面亦是鳞次栉比。这些古色古香的建筑，原汁原味地勾勒出明清时期市井繁华的风貌。而这些恰恰是摄影艺术所青睐的题材。于是，这座东方古城诉说着包容历史沧桑的城镇民居、殿堂庙宇，以它们所展现的厚重的文化积淀，深深打动了每一个参加摄影大展的中外贵宾。他们用手中的镜头去记录平遥，用自己的身心去感受平遥。

我们在感动于平遥的魅力时，不能不由衷地折服于平遥国际摄影大展的创意者和决策者。他们以独到的、睿智的眼光看到了世界文化遗产的品牌效应，看到了平遥古城独具魅力的文化内涵与摄影艺术的天然联系，以超凡的魄力做出在平遥举办国际摄影大展的决策。这是因为，尽管平遥有世界文化遗产的桂冠，但以平遥当时的硬件条件来举办国际性的大型活动是有相当差距的，且不说与东部沿海城市相比，就是与山西省内的一些城市相比也没有优势。2001年的平遥城市基础设施薄弱，没有设施齐全、宽敞明亮的展览馆、美术馆可供办展，宾馆、饭店严重不足，接待条件极为有

会展策划

限,通信手段落后,记者发文字稿要靠传真机,若要发图片就必须连夜赶回太原。但大展组织者非常富有想象力,没有展馆,就充分利用一些闲置的工厂厂房、仓库、县衙、民宅大院等开发出来做展厅。在山西省委、省政府和晋中市委、市政府以及社会各界领导的支持下,举全县之力,加强城市基础设施建设,挖掘民间潜力增加接待能力。尤其在大展主题的确定和内容的设置上,大展组织者召开多次专家论证会进行认真研究,力争在组织框架、运作机制、投入力度以及展览作品、布展规模、艺术风格、图片交易等方面有新的更大的拓展和提高,也就是既要紧扣时代脉搏,又要充分体现大展的国际性、民族性、权威性、示范性和可操作性。

为了凸现大展的国际性,组委会下足了功夫,努力在运作机制上寻求新的突破,并与国际接轨;在参展作品的组织上,让熟悉不同领域的专业人士来组织、策划、推荐不同领域的作品;在境外召开新闻发布会,加大境外宣传推介力度,所有这些努力都取得了非常好的效果,自愿来参展的外国摄影团队和个人逐年大幅增加。2005年确立的"和平进步"的主题,就因为当年是纪念世界反法西斯战争和中国抗日战争胜利60周年,以抗战为主要题材的主题影展显得格外醒目和沉重。国外20名著名摄影师的战地摄影展,二战时期美国士兵拍摄的云南昆明等地的战时记录,德国二战摄影展、奥斯维辛集中营和莫斯科红场卫国战争60周年阅兵式的图片等,都云集大展,其展览内容之丰富,涵盖面之广,震撼力之强,在同类抗战作品展览中是很少见的。展览以对历史和现实世界多角度的记录和观察作为切入点,充分展现出人类和平进步的历史进程和丰硕成果,唱响世界和平的主旋律。2006年"多元和谐"的主题无疑是当下构建和谐社会的最好揭示。大展以近80多个摄影展览、国际高端摄影对话论坛等学术活动,多项大奖评奖、颁奖等三大板块的丰富多彩的摄影盛宴,对"多元和谐"的主题做了完美的诠释。同时,在展区的分布、策展人的制度等方面朝着更专业、更学术、更文化的方向发展,而组织者多年以来一直在筹办的图片交易市场也在本届大展中鸣锣开张。很多展区的摄影作品都明码标价,启动市场化运作模式,现场进行交易,并引入两个外国拍卖行,对国内外一流摄影家的原作进行展览和拍卖。法国著名的阿尔居里亚尔拍卖行,原定于在巴黎拍卖的10位国际知名摄影家在中国半个多世纪以来拍摄的黑白摄影原作,也首度亮相平遥,为一直以图片交易和市场为倡导宗旨的平遥国际摄影大展引入了国际拍卖市场的新鲜血液。紧随当今数字时代的发展动态,大展还首次吸纳了DV展映单元,以摄影和数字摄像相结合的形式,给摄影人揭开了一个崭新和更加多元的角度。丰富的视觉享受让看惯了静止图片的摄影人豁然开朗,对影像有了更多的了解和更广阔的视野。

基于平遥国际摄影大展的成功,目前法国政府、西班牙政府、俄罗斯政府已经开始为参加大展加大了人力、财力的投入,选送本国国家艺术馆、博物馆珍藏的著名摄影家的作品参展,这将极大地提高大展的艺术性、国际性和影响力。

正是由于大展组织者精心策划、精心组织、周密部署,在创新上做足了文章,所以大展每届都在"变脸",变得越来越好看、精彩,内涵也更深刻、丰富。同时平遥古城也在变,它变得更具魅力,更有光彩。大展把平遥这个较为普通的旅游城市提升成为一个具有艺术气息、吸引世界各地摄影界人士和游客的魅力古城。现在从硬件上看，它已具备了接待国际型大展的能力；从软件上看，它改变和升华了这个古城的人文气质。如今在平遥的街上，很多小店特色鲜明，那些曾经"欺生"的小商贩已变得热情诚信。各主要展区设立停车点，实行公交化运行，为参展人员和记者免费提供电瓶车服务。司乘人员统一着装，车身都有明显的大展标志，往返古城各城区，形成一道靓丽的风景线。大展期间，为了确保安全工作万无一失，平遥县在21个景区（点）和3条主要旅游通道安排配置了52个彩色监控摄像机，可以实现街道的全方位监控。同时还成立了骑警大队，公安干警甚至骑着自行车，昼夜灵活机动地穿梭于古城区的各个旅游通道执勤，有效地预防和打击了犯罪，为摄影大展的有序进行保驾护航。

就一个社会的长远发展来说，经济发展的内在动力就在制度与文化里。现代科学技术的进步本身需要特定的文化土壤，它不是传统生产与经济的积累，而是在科学理论与艺术氛围里成长的。文化改变了平遥的一切，包括平遥人的生活，今天的平遥人在享受文化带来的一切的同时，还积极地创造着新的文化亮点。

4. 评析

2006年3月3日，对平遥国际摄影展来说是个不平常的日子。联合国总部迎来了中国平遥国际摄影精品展，展出的80幅作品是组委会从以往5届的近4万幅摄影作品中精心挑选出来的。时任联合国秘书长的安南先生和联合国总部的其他官员、工作人员观看展览并给予了高度评价，正如中国驻联合国代表王光亚大使在开幕致辞中所言，平遥国际摄影展部分精品到联合国展出，向各国代表传递了平遥的神韵。多元化的摄影流派，高水平的摄影作品，宽容的艺术表达空间，成为中外摄影家艺术实践和理论交流的平台，成为中国摄影师感受当代摄影艺术潮流走向世界的平台，这是传统与现代、文化与艺术的握手，是中国与世界、东方与西方的对话，这种文明的对话、文化的沟通是实现联合国维护和平、促进发展的宗旨的重要方式。王大使的这些评价是对平遥国际摄影大展的精辟的、恰如其分的概括和总结。

大展的成功第一在于主办者敏锐的判断力，他们从看似不相关的古城和摄影艺术之间找到了文化这条闪光的主线，并使二者的各种要素发挥到极佳状态。第二是紧紧抓住会展经济发展的机遇，把会展经济、文化创意产业、旅游业等朝阳产业有机地结合起来，以文化提升旅游品位、以旅游彰显文化内涵。第三是主办者十分清楚造势的重要性，他们利用各种机会在国内外召开新闻发布会并加以展示，广泛邀请各类中外媒体到古城采访，发布数量巨大的信息，使宣传报道的深度、广度特别突出。第四是突出特色有所创新，主办者明白，光把摄影师请到平遥还不够，还要让摄影师能看、能拍、能展、能卖，于是他们除了在主题上与时俱进，始终紧扣时代脉搏，还特别注重突出平遥特色，利用摄影作品的形式把全省各地的文化精品在平遥集中展示，让海内外来宾在领悟平遥历史文化的同时，也切身感受到三晋文化的源远流长、深厚底蕴。他们还引进国外权威拍卖行，建立图书交易市场，让摄影师的图片找到合适的归宿。第五是不断提高专业化水准，突出高品位，跟随时代的发展，不断吸收新鲜血液。国内外摄影界权威机构和著名摄影家都相继加入并明确表示继续支持和参与。第六是真抓实干，主办者一方面科学地安排各种活动，进一步丰富大展的内容，活跃大展的气氛，提高大展的品位，增强大展的吸引力和感染力；另一方面从大处着眼，从细节入手，认真抓好平遥的硬件、软件的建设，积极创造条件，确保大展成功举行。

虽然6年来大展已经取得巨大成功，但主办者们依然保持着清醒的头脑。他们正谋划着通过大力发展与旅游相关的文化产业，将平遥古城建设成国际一流的摄影会展基地、国内有影响的艺术采风基地、影视拍摄基地、金融管理培训基地、民间传统工艺品生产基地等五大基地，以此加快古城人文资源由实物形态、精神形态向经济形态转化的步伐，努力用西方创意产业的模式，让中华文化的魅力发挥得更加长久。

课后练习题

简答题

（1）2005日本爱知世界博览会的展会主题是什么？有什么寓意？
（2）爱知世博会主会场为长久手会场是如何体现"自然的睿智"的？
（3）平遥国际摄影大展的举办的原始动力是什么？
（4）如何解读本届平遥国际摄影大展的主题为"多元和谐"？

项 目 小 结

通过本项目的学习，学生学习了展览会策划的主要内容，它包括展览会的可行性分析，展会的名称设置，展会的时间选择，展会周期的设计原则，展会的组织机构，展会招商招展的途径和策划技巧，展会的整体宣传和推广等。通过这些知识的学习，学生可以以个人为单位或团队为单位进行展览会项目的开发和设计工作。在这个项目中出现了部分知识链接和新知识等内容的介绍，学生可以通过这部分内容来学习和掌握前沿的会展知识。

2

会议策划

项目描述

会议和展览是不同性质的会展活动,通过本项目的学习可以掌握会议策划的基本内容、流程和途径,并根据实际情况进行不同类型会议的策划和组织。

会展策划

穆斯林和素食者的餐饮禁忌

　　某星级宾馆承接了一个大型国际商贸洽谈会的接待任务，考虑到各国经贸代表团的不同口味要求，工作午餐采用自助餐的形式，让代表们各取所需。开幕式当天中餐刚刚进行不到20分钟，组委会就接到了投诉。原来此次商贸洽谈会穆斯林和素食代表人数较多，组委会安排餐饮时虽然考虑到了他们的特殊要求，但餐厅具体安排时却没有为他们安排专门就餐区，可供选用的菜式也很少，并且跟其他菜式混杂，对此引发了他们强烈的不满，几个阿拉伯经贸代表团成员都情绪激动地离开了餐厅。后经组委会做出许多补救工作矛盾才算基本缓和。

　　分析提示：穆斯林和素食者等会议代表对餐饮接待有特殊要求，会务人员要充分了解与会人员的情况，了解各种餐饮禁忌，并做出妥善安排，采取相应的接待形式和方法，千万不能掉以轻心。

任务2.1　会议的一般流程

学习目标

知识目标：学习会议策划的一般流程，它包括会议的主题、议题、主办单位的分类、会议地点的选择、会议的规模控制、主讲人的选择等。

能力目标：运用会议策划的要素进行一般性会议的策划。策划的流程要合理适用，并能协调好各个要素间的逻辑关系。

素质目标：培养学生实事求是，踏实的学习态度。培养他们互相尊重，相互理解的情怀。

　　在具体实践中，会议的名称繁多，如行业会议、专业研讨会和技术交流会等，各种会议在策划上尽管有一些差异，但还是有很多相似之处。在这里，我们集中讲述它们相通的地方，对于它们各自有差别的，我们将在下一节里再分别讲述。会议的策划一般流程如下：确定会议主题、会议经费和赞助办法、准备会议方案、会议危机管理方案、邀请主讲人员、会议召开、会后总结等。

1. 确定会议主题

　　会议策划的第一步是要为会议确定一个明确的主题。会议主题是会议的灵魂，会议的各种议题是紧紧围绕会议的主题来进行的；没有主题，会议就会成为一个无所依归的幽灵，各种会议议题将会变成一盘散沙，整个会议就会变得杂乱不堪。

会议主题的确定是一件耗费心机的艰苦的工作。一个好的会议主题往往是经过千锤百炼和千挑万选才从众多的选项中脱颖而出的。会议主题的"脱颖而出"不是凭空得来的，而是经过对相关信息的广泛收集和深入分析的基础上才得来的。

1) 收集相关信息

为了使会议的内容有的放矢，是广大听众所切实关心的话题，在准备召开有关会议以前，会议的主办机构要多方收集相关信息，并对有关信息做深入的研究，努力抓住听众的心理和有关热点问题，为下一步确定会议主题提供翔实的背景资料和参考依据。

2) 确定会议主题

会议一定要有能紧紧把握时代脉搏、能切实反映某一领域发展动态的鲜明的主题。会议的主题是会议的灵魂，一个好的主题能对会议的目标听众产生强大的号召力；如果会议主题不能被会议的目标听众所接受，会议将会名存实亡。会议失败的原因可能很多，但主题确定不当一直是众多会议失败原因中最致命的一个。

会议的主题要有创意，并且要具备以下特征：前瞻性、总结性和时尚性。所谓有创意，是指会议主题要能高度浓缩、精练并对会议的内容高屋建瓴；所谓前瞻性，是指会议的主题要高瞻远瞩，要针对某一领域的发展现状和发展趋势适度超前，对该领域的热点问题要看得更远、更深，不能只局限于眼前情况；所谓总结性，是指会议主题要能对该领域的发展有所总结，不仅能系统地反映该领域的过去，还能体现该领域发展的特点和趋势不能脱离该领域的发展，泛泛而谈；所谓时尚性，是指会议的主题要能有的放矢，紧扣该领域的热点和难点问题，不能远离现实。会议主题可以不同时具备上述3个特征，但它至少应该具备其中的一个，否则，会议的主题将会失去号召力。

■ 经典案例

博鳌亚洲论坛的主题

博鳌亚洲论坛是第一个将永久会址设在中国的国际性论坛，这个论坛每年4月在海南博鳌召开。每年在这个论坛召开的时候，来自世界各地尤其是亚洲各国的政要、学者、著名企业家以及众多媒体济济一堂，共同探讨各自关心的问题。如此多的知名人士会集博鳌，其中一个突出的原因是因为博鳌亚洲论坛的主题选择适当和富有吸引力。作为一个国际的、民间的和以经济话题为中心的常年定期举办的会议，博鳌亚洲论坛有一个永恒的主题："亚洲寻求共赢"。在这一主题的指引下，论坛每年根据当年的实际情况设立年度主题。如2003年的主题是"合作促进发展"，2004年是"一个对世界开放的亚洲"，2005年是"亚洲的新角色"，2006年是"亚洲的新机会"。这些富有吸引力的主题使博鳌亚洲论坛年年有新意、届届有活力，并吸引各国重要士人前往参加，论坛也取得了极大的成功。

为了更好地确定会议的主题，会议主办机构可以征询相关科研机构、大专院校有关专家的意见，也可以对该领域中的各有关方面展开调查，让它们提出一些建议。在此基础上，会议主办机构再综合各方面的意见，并结合当前的实际情况，确定会议的主题。

2. 落实会议经费与赞助

召开会议往往需要邀请一些国内外著名的专家、学者、著名企业领导人或者是行业主管部门的官员到会演讲，还要租用会议场地，进行适当的会议现场布置，这都需要一定的费用。对于会议所需要的各项费用，会议主办机构在召开会议前就要事先做好预算，对会议的各项费用开支要心里有底，并安排必要的资金以使会议成功召开。

召开会议所需经费有3种主要解决办法：第一，可以设立专门的会议筹备资金用以满足会议的需要；第二，可以向与会人员收取一定的会务费用；第三，可以寻求企业赞助。不管经费以何种方式筹集，为确保会议成功，在会议召开前，都应该为会议编制详细的会议预算，为会议的各项开支和收入作出预算，合理安排会议的各项费用，见表2-1。

表2-1　会议预算表样张

	项　目	金　额	占总收入的比例(%)
收入	赞助费		
	冠名权费		
	门票或参会票		
	广告收入		
	发言费		
	其他相关收入		
	总收入		
成本费用	场地租金		
	会场设备及布置费用		
	宣传推广费		
	主讲人和嘉宾演讲及接待费		
	翻译费用		
	各种资料的费用		
	办公和人员费用		
	税收		
	其他不可预测的费用		
	总成本费用		
利润			

赞助是会议的一项重要资金来源。赞助有垄断性赞助、平摊性赞助和等级性赞助等几种形式。垄断性赞助是会议所需要的各种费用由某个赞助企业承担；平摊性赞助是指所有与会企业都要对会议提供赞助；等级性赞助是将会议的各种赞助分等级，如主要赞助者、一般赞助者和有针对性的内定赞助者等。

如果会议办得出色，影响较大，很多企业会愿意对会议进行赞助。如果会议接受企业赞助，就要考虑给予企业怎样的回报，企业对会议的赞助可以有很多种回报的形式，如转让会议的冠名权，允许企业在会议的某些特定地方做广告，允许赞助企业在会议期间做简短发言介绍自己的企业，让企业赞助会议现场使用设备，给予企业会议相关服务的行使权等。

3. 准备会议方案

会议方案是有关会议召开的具体实施计划，要组织一个高水平的会议，会议实施计划一定要做到详尽周密、高效协作。除了前面讲到的会议主题和会议预算以外，会议方案一般包括以下几方面的内容：

1）会议的名称、时间、地点和规模

会议要确定一个名称才好对外宣传和发布，会议的名称要有一定的概括性和导向性。会议举办的时间要符合该领域的习惯，要注意结合会议各嘉宾和各主讲人到会的时间编制好会议各议题的场次和日程安排。会议的地点应尽量安排一些设施较好、环境较好、有关与会人员容易到达的地方。会议的规模是指会议计划有多少场演讲或讨论，有多少听众，会议主办机构要事先对会议听众数量做出预测以便安排会议的场地。如果场地容量有限，就要对听众数量有所限制，不然，会议现场有可能出现混乱。

2）会议的议题

上面确定的会议的主题不仅要明确地写进会议的方案中，还要根据该主题来确定会议的议题。会议的议题是会议将要讨论的具体内容，它是根据会议的主题而确定的。会议的议题要务实并富有吸引力。一个会议只有一个主题，但可以有多个议题。会议的议题确定以后，可以就该议题向社会广泛征集会议论文以扩大会议的内涵和影响。

3）编制会议议程

会议议程是会议实施计划的进度安排，它对会议的进程进行总体调控和安排，何人主持会议、会议主持人是否致开幕词，是否邀请有关部门和企业的领导作为嘉宾出席会议，何人宣布会议开始，何人介绍主讲人及嘉宾的简历、会议的各项议题如何安排和展开等。会议议程的编制要科学合理，并适当安排中途休息时间。

> **经典案例**
>
> **亚洲 CEO 峰会议程**
>
> 以下是节选自 2005 亚洲 CEO 峰会其中一天的会议议程（为保持示例的原始性，在这里仍用原议程语言英语示例）。
>
> 7:00~7:10　　Assembleatlob by of XXX hotel
> 7:10~8:00　　Proceed to Conference by ShuttleBus
> 7:10~8:00　　Registration（Venue：YYY hotel）
> 8:05~8:10　　Opening Address（by the Organizer）
> 8:10~8:15　　Welcoming Message（by Mr. A）
> 8:15~9:00　　Breakfast（Sponsored by SSSCompany）
> 9:00~9:35　　Introduction of Participants
> 9:35~9:40　　Moveto Conference Hall
> 9:40~10:10　　Keynote Address（byMr. B）
> 10:10~10:50　　How to Optimize the Return of Investment
> 10:50~12:00　　Paneland Case Study
> 12:05~12:55　　Business Luncheon（Sponsored by KKK Company）
> 13:00~13:40　　Session Ⅱ：Business Matchmaking
> 13:40~14:50　　Paneland Case Study
> 14:50~15:05　　Coffee Break
> 15:05~15:45　　Session Ⅲ：How to launchnewexhibiton
> 15:45~16:55　　Paneland Case Study
> 17:00~19:00　　Gala Dinner（Venue：YYY hotel）
> 19:00~21:20　　See Traditional FashionShow
> 21:20~22:00　　Proceed back to XXX hotel byShuttle Bus

4）会议的主讲人和听众

会议的主讲人对会议的成功举办有着举足轻重的影响。知名的专家、学者或者是企业家的演讲将会使会议光芒四射；政府主管部门的权威人士的演讲将更加提升会议的权威性。会议的主题和议题确定以后，要针对该议题邀请一些对该议题有深入研究的人士作为会议的主讲人，并及时向他们发出邀请。向会议主讲人发送的邀请函要明确会议的主题和该主讲人将分担的具体议题、会议日期和地点、演讲的时间安排和要求等，这样会更方便主讲人准备演讲材料。

2 会议策划

经典案例

全球化时代的科技创新和海归
"苏州—硅谷—北京"国际创新学术会议

2013年7月8~9日，苏州

Annalee Saxenian 博士

美国加州大学伯克利分校信息学院院长、城市与区域规划系教授

简介

Annalee Saxenian 博士是美国加州大学伯克利分校信息学院院长、教授，同时也是该校城市与区域规划系教授。她主要从事区域经济研究以及当人、理念与地理相结合并与经济活动相连时的区域条件研究。她的最新著作《新淘金——全球经济下的区域优势》，2006年由哈佛大学出版社出版，探寻了来自硅谷的移民工程师是如何并且为何将科技创业机构转移至他们祖国，譬如中国台湾、以色列、中国，特别是印度的新兴地区，并且远离已经建立的科技中心。Annalee Saxenian 博士认为，"人才外流"现在已经变成了"人才循环"，这是周边地区发展的强大经济力量，也将引发全球经济的深刻变革。

Annalee Saxenian 博士还出版过《区域优势：硅谷与128号公路的文化与竞争》(1994)，《硅谷新移民企业家》(1999)，《硅谷移民的地方与全球性网络》(2002)等书籍，是研究区域创新和移民对全球创新影响的著名专家。

David M. Steele 博士

美国圣荷西州立大学卢卡斯商学院院长

简介

David M. Steele 博士在英国伯明翰大学获得学士及化学工程博士学位，后于加州伯克利大学及沃顿商学院完成硕士商务学习。他自2008年担任美国圣荷西州立大学卢卡斯商学院院长至今，一直致力于通过加强学术质量、提高学生素质来提升学院实力，此外，他还强调应注重商业实践以及全球化商业教育，其中包含了新汤普森国际实习计划。

David M. Steele 博士曾是费尔利迪金森大学西尔伯曼商学院院长，该院下属有著名的罗斯曼创业研究中心。他也曾是佛罗里达理工大学商学院教授及院长。在他担任高层管理员之前，他的职业轨道广泛而多元，曾在雪佛龙公司（现占财富榜第三位）担任拉美区总裁，也在研发、系统工程、金融、战略策划以及IT等领域有显著成绩。在离开雪佛龙公司后，Steele 博士在4家早期国际企业创建中担任执行顾问。

>
>
> 王辉耀博士
> 中国与全球化研究中心主任、欧美同学会副会长
> 简介
> 　　王辉耀博士是中国与全球化研究中心主任,欧美同学会/中国留学人员联谊会副会长,人社部中国人才研究会副会长,商务部中国国际经济合作学会副会长,中组部国际人才战略研究专家组组长,国务院侨办海外专家咨询委员会经济组召集人,中央人才工作协调小组《国家中长期人才发展规划纲要(2010~2020)》编制特聘专家,目前还担任美国哈佛大学肯尼迪学院高级研究员和加拿大西安大略大学毅伟商学院在亚洲的咨询委员。
> 　　王辉耀博士曾担任GE、西门子、阿尔斯通、三菱等多家跨国公司顾问,同时也是北京大学光华管理学院、加拿大西安大略大学毅伟商学院的兼职教授。他在国际人才,中国企业国际化、华人华侨、中国海归群体与海归创业管理及智库研究等领域有广泛的著作和研究,出版有关著作30多部和有关专业文章100多篇,包括《创业中国》、《当代中国海归》、《中国留学人才发展报告》和《国家战略》等。

　　会议不能没有听众,会议的听众也是会议的一个重要组成部分。会议方案要对会议的目标听众做出分析和预测,要确定听众的来源和范围、会议现场可以容纳的听众数量等。

　　5) 会议的召开方式

　　会议的召开方式对会议的成功举办也有较大的影响,会议要根据其主题和议题、会议的主讲人以及听众的特点来确定究竟要采用何种具体方式召开。从听众的参与程度上看,会议的方式一般有开放式、半开放式和封闭式3种。开放式的会议是指那些不设置主讲人,只有会议主持人,听众能和所有的与会人员就某一议题展开自由讨论的会议形式;半开放式的会议是指有会议主讲人和主持人,会议主要由会议主讲人演讲,但听众在主讲人演讲完毕后有一定机会和时间提问的会议形式;封闭式的会议是指会议全部由主讲人演讲、听众在主讲人演讲完毕没有机会和时间提问的会议形式。这3种会议的组织形式各有利弊:开放式的会议比较自由,但往往议题难以集中;半开放式的会议研讨的问题能够深入,但听众发言的机会较少;封闭式的会议能集中议题,但没有听众参与的机会。由于半开放式的会议能很好地发挥主讲人和听众两方面的积极性和智慧,因此它也较受欢迎。

　　6) 会议资料的准备

　　会议有大量的资料需要事先准备,如会议的背景资料、会议须知、会议主讲人的简历、业绩以及本次会议演讲文稿或其摘要、会议入场证件和门票、会议的会标和引导标识等。会议资料的印制要美观大方,内容简洁明了。

2 会议策划

> ■ **经典案例**
>
> ×××会议须知
>
> （1）请按大会日程安排，带好代表证及大会资料准时出席各项会议和活动。未领取证件的代表请至×××处领取。
>
> （2）请注意大会交通车辆安排（见附件），提前至集合点上车。需要使用出租车的与会代表请提前20分钟与组委会联系。
>
> （3）大会期间，除酒店住宿和规定餐饮由大会统一结账外，其他消费自理。与会代表如需使用长途电话请自行到酒店前台开通并结算，使用其他服务或房间内的附加消费品的费用自理。
>
> （4）用餐时间和地点：早餐每天7:30于YYY酒店三楼；午餐和晚餐请按会议议程安排准时到达相应地点。
>
> （5）酒店退房时间：中午12:00，如果延迟退房至晚上6:00，请多交付当日房租的50%；如果不方便亲自退房，可以将房卡交大会组委会代为退房。
>
> （6）请将您返程计划（含姓名、航班号或火车车次、拟抵达地点、时间等）及时反馈大会组委会。
>
> （7）会议期间，如出现紧急情况和突发危机事件，请服从大会组委会工作人员安排和指挥，迅速撤离有关现场。
>
> （8）大会组委会联系人及联系办法：联系人：×××，联系电话：×××，传真：×××，E-mail：×××。

7）会议接待计划

会议嘉宾、主讲人、听众等确定后，要策划周到的会议接待办法。要在会议现场适当的地方设立接待台，安排适当的人员负责接待工作；要事先制定接待程序和接待方式，以免到时措手不及；要对会场现场调度有规划，使其能及时处理现场可能出现的拥挤和混乱。如果会议要事先征集论文，则要规划好论文的征集方式；如果要对论文进行评奖，则要事先成立评奖机构。在接待计划中，要妥善规划和安排会议嘉宾、主讲人、听众等各与会者的吃、住、行等基本需要。

4. 落实会议主讲人员

前面已经提到，会议的主讲人员对于会议的作用是非常重要的。因此，会议的组织者必须花费一定的精力来邀请自己所期望的主讲人员到会。对于某主讲人员负责演讲的议题，会议的组织者至少应在会议开幕前的一个半月或更早通知他们以便其早做准备；一旦主讲人员与会得到落实，要妥善安排主讲人员的吃、住、行，对于一些重要的主讲人员，要安排专人陪同；如果会议的演讲者或者听众中有讲不同语言的，会议还要注意配备翻译人员，如有可能，可以事先让翻译人员了解一些演讲的内容以便其在现场更好地翻译。

5. 组织会议的听众

要按照所确定的听众来源和范围组织会议的听众,要让听众清楚进入会场的资格和方式。同样,为了让会议的目标听众能事先知道会议召开的信息,会议主办机构也要对会议的目标听众发出邀请函,或者是通过广告、直接邮寄、网上宣传等其他方式让他们知道该信息。

课后练习题

1. 填空题

(1) 会议策划的第一步是要为会议确定一个明确的_____。

(2) 召开会议往往需要邀请一些国内外著名的专家、学者、著名企业领导人或者是行业主管部门的官员到会演讲,还要租用会议场地,进行适当的会议现场布置,这都需要一定的_____。

(3) 会议要根据其_____、会议的_____以及_____特点来确定究竟要采用何种具体方式召开。

2. 判断题

(1) 会议嘉宾、主讲人、听众等确定后,要策划周到的会议接待办法。(   )

(2) 会议主题的"脱颖而出"不是凭空得来的,而是经过深入分析的基础上才得来的。(   )

(3) 垄断性赞助是指所有与会企业都要对会议提供赞助。(   )

3. 简答题

(1) 会议的主题的编写要素是什么?

(2) 会议举办地的选择原则是什么?

(3) 确定完会议主讲人后该做哪些具体工作?

任务2.2 会议的种类

学习目标

知识目标:了解6种会议的意义,明确6种会议的不同之处,了解6种会议的策划区别。

能力目标:根据实际情况选择合适的会议类型,并能进行相应的策划,掌握6种会议的策划技巧。

素质目标:培养学生团队合作意识,培养学生尊重他人,尊重团队,尊重团队决定的工作态度。

2.2.1 行业会议

行业会议是由行业协会或者是政府主管部门组织举办、行业协会会员或者该行业有关企业参加的会议。行业会议的主办者一般在该行业都有较大的发言权和较强的号召力，会议的参加者一般都是该行业比较有影响的企业，会议的影响力一般都较大。

随着世界各国经济自由化和市场化程度的提高，各国政府介入经济活动越来越少。目前，几乎每个行业都有自己的行业协会，这些行业协会越来越对本行业起着重要的规范、协调和管理工作。为此，它们一般隔一段时间就会召开行业会议，对本行业的一些重要议题展开讨论。如果某些行业暂时还没有成立行业协会，政府有关主管也会暂时起到行业协会的上述作用，担负起组织召开行业会议的职能。

1. 行业会议的分类

国际会议协会（ICCA）将行业会议分为3类：科技会议、商贸会议和会员会议。科技会议是以技术推广、科技交流与合作为主要目的的行业会议；商贸会议是以传播商业和贸易信息、研讨行业贸易问题为主要目的的行业会议；会员会议是主要由行业协会会员参加的、旨在促进会员之间的相互了解和合作为主要目的的行业会议。

2. 行业会议主题和议题的选择

在很多行业，行业协会一般每年都会举办至少一次行业会议，每次行业会议一般也都有一个主题。行业会议的主题一般都紧扣行业发展的脉搏，关注行业发展中发出的时代的强音。所以，对于一些快速发展的行业和一些比较成熟的行业，其行业会议的主题几乎每年都是不一样的。

除了会议主题要具备前面提到的前瞻性、总结性和时尚性等特征外，行业会议的议题还要具备较强的行业号召力。不管是科技会议、商贸会议还是会员会议，会议的议题有号召力才能吸引行业内企业的参加，这对于会员会议尤其重要。科技会议和商贸会议由于会议议题导向明显，并且一般都很实用，对企业经营有一定的帮助，企业因此往往也乐于参加。但对于会员会议来说，如果会议议题对企业而言没有吸引力，企业可能就会因业务忙等原因而不出席会议，或者即使出席会议，也会派一些无足轻重的人员参加，会议的质量因此会大打折扣。

行业会议的议题一般极富行业特征和行业代表性，能针对行业发展中遇到的新情况和新问题展开研讨，能就某一问题组织行业大讨论。行业会议讨论的问题所得出的结论有时候不仅仅是学术上的研讨，它往往带有政策指导倾向，会被有关部门作为制定解决某些问题的政策的依据。

3. 行业会议筹备方案

很多行业会议都是每年举行的"例会"，其策划流程已经非常成熟。因此，对于很多行业会议，除了每年要仔细策划会议的主题和议题外，有关会议的其他策划一般可以因循旧例。所以，对于那些每年都要举办的行业会议，管理的中心任务就集中在3个方面：会议的主题、会议的议题和会议的筹备方案。会议的主题和议题我们在前面已有介绍，下面我们主要讨论会议的筹备方案。

除了前面讲述的一般流程以外，和一般会议相比，行业会议的筹备方案也有一些特殊的方面。

（1）时间、地点和规模。有些行业会议的举办时间每年都比较固定，如固定在年初和年末等，会议的会期一般是4~5天，有的是2~3天，但一般不超过6天。行业会议召开的地点往往不固定，经常变换，有少数行业会议召开会议的地点比较固定。行业会议的规模一般在400人以下，所以其要求的召开会议的场所的容量一般不会超过400人。

（2）主讲人和听众。行业会议的主讲人基本来自行业协会、协会会员和政府主管部门3个方面，也有少数来自行业以外的科研机构。会议的主讲人一般由行业协会或政府主管部门确定和邀请。行业会议的听众基本都是行业内的企业尤其是协会会员单位，听众一般都具有一定的职位，有些较有影响的行业会议，其听众甚至大部分都是企业的领导人。一些比较重要的行业会议，有时候还会专门邀请有关新闻媒体的记者到会旁听并进行现场采访。

（3）会议议程。和一般会议不同，行业会议一般都有政府主管部门和协会领导出席，会议议程因此也比一般会议多了一个领导人致辞和发言的程序，有的还要有新闻媒体对领导人的采访或者新闻发布会等。

（4）会议资料的准备。除了一般会议资料以外，行业会议一般还要准备会议纪念品和礼品，要准备新闻稿和领导发言辞等。

（5）会议召开方式。行业会议的召开方式更多、更灵活，它可以采取一般专业研讨会和技术交流会的会议方式，也可以采取联谊会、座谈会、茶话会等方式，主要看会议的主题和议题而定。

（6）会议预算。行业会议预算的资金支出和一般的会议相似，但预算的资金来源更加丰富，会员的会费、协会的基金、政府拨款和企业赞助等都是重要的来源。

当然，除上面讲的一些问题外，行业会议也要经历收集市场信息、确定会议主题、准备会议方案、邀请会议主讲人员、会议召开、会后总结等诸多阶段。各阶段的主要内容可以参考前面有关论述。

2.2.2 技术交流会

技术交流会是以技术的交流和传播为主要内容的会议。技术交流会的策划基本也遵循本项目任务2.1所讲的会议策划流程，但由于技术交流会是一种不同的会议。所以，在流程的各具体阶段，技术交流会有一些特别之处。

1. 在确定会议主题阶段

技术交流会侧重收集其所在行业的最新技术发展状况和发展趋势，了解该行业的实用技术发展状况。会议要多与该行业内的著名企业尤其是那些技术领先的企业联系，或者是与专业的科研机构沟通，以确定技术交流会需要包括哪些技术。会议主题要与技术问题密切相连，要务实，尤其是会议的议题，既要反映技术方面的内涵，也要通俗易懂，能为一般人所理解。

2. 在准备会议方案阶段

尤其要注意会议时间的安排、会议议程的确定和会议资料的准备工作。由于技术交流会的演讲内容是关于技术的话题，因此很多演讲都需要伴有现场演示，这就要求会议的每一个具体议题的时间安排都要合理；在安排时间时要考虑到有些演示在演示中途可能会出现一些细小的失误。所以，对于某一议题演讲时间的安排要留有一定的余地，在编制会议议程时不可太紧。技术交流会的资料比较复杂，准备时小心，尽量不要出错。

3. 在邀请会议主讲人员阶段

主讲人最好要有一定的技术背景和经历，要能回答听众关于该技术议题的一些问题；如果会议需要现场翻译人员，要尽量让翻译人员事先熟悉该演讲所包含的一些技术专有名词，以保证翻译人员在现场能流利翻译。

4. 在会议召开阶段

要根据技术议题的特殊要求对会议现场进行布置，要能够提供和维护会议所需要的特殊设备，要安排懂技术设备操作和维护的现场工作人员，如果会议主办机构不能提供这些人员，可以要求演讲者提供。

5. 在做会议预算和寻求会议赞助时

由于技术交流会常常是企业唱主角，因此，技术交流会往往会向有关企业收一定的费用来作为会议经费的主要来源，企业赞助往往较少。

2.2.3 专业研讨会

专业研讨会是以研讨行业发展动态为主要内容的会议。相比较于技术交流会的"务实"，这种会议在内容上要"务虚"一些。专业研讨会的策划基本也遵循本项目任务2.1所讲的会议策划流程，在举办这种会议时，要注意处理好以下一些问题。

1. 会议的议题

专业研讨会所讨论的议题往往是偏重理论性的话题，如行业发展的特点、行业未来的发展趋势，对行业发展进行总结，对行业热点问题进行研讨，对行业内企业的管理、营销等理念和思路作出富有前瞻性和启发性的研讨等。

2. 会议的目标

举办专业研讨会最主要的目标是给听众开拓思路、启迪思维、开阔视野、加深对行业发展现状、发展特点和发展趋势的了解。

3. 会议的主讲人

由于专业研讨会涉及的议题往往是与宏观相联系的一些话题。是一些理论性较强的问题。所以，会议的主讲人往往是一些科学研究机构、大专院校和专业杂志的有关专家，有时候也有来自企业的管理人员。

4. 会议的听众

专业研讨会听众的范围很广，他们可以是企业的管理人员、技术人员、一般工作人员，也可以是来自各种科学研究机构、大专院校和专业杂志的有关人员。

5. 会议的复杂程度

由于设计的议题不同，会议需要准备和提供的设备和会议的复杂程度也不一样。专业研讨会涉及的议题较为抽象，不需要太多的设备和演示。

2.2.4 产品发布会

产品发布会是以发布新产品或者是发布有关新产品的信息为主要内容的会议，产品发布会的真正主办者一般是企业，其新产品和信息的发布功能强大。和其他会议形式相比，产品发布会有以下一些特点。

1. 会议的标题是新产品或有关新产品的信息

产品发布会主要目的是推出新产品或者是有关新产品的信息，这些新产品可能是已经能够正式推向市场的最新产品，也可能是一些有关新产品的概念和信息，如汽车企业召开的概念车发布会，服装会议中发布的流行色等。产品发布会更多的是强调该产品"新"在哪里，有哪些技术进步，或者设计和款式上如何与众不同等。

2. 会议的最终目的是将产品推向市场

对于产品发布会来说，不管会议的标的是新产品还是有关新产品的概念和信息，其最终目的都是为了将产品更好地推向市场，只不过如果发布的是有关新产品的概念和信息，这种未完全成熟的产品还要经过市场的检验并改进成熟后才能推向市场。产品发布会有时候并不在乎产品是否能立即进入市场，但它绝对在乎新产品的新闻效应以及消费者对新产品的反应。为此，产品发布会往往会安排新闻媒体采访报道。

3. 会议的形式类似新闻发布会

由于产品发布会标的新颖性和新闻价值，这种一般采用类似新闻发布会的形式举行，或者干脆就是一次新闻发布会。产品发布会一般是发布新产品以引起市场对新产品的注意，它很多时候是在发布一种产品"概念"，产品实物展示重在突出形象。因此，它对会议现场服务的要求相对较低，有时候甚至可以基本不需要现场服务，现场的各种事务基本都可以由会议的主办企业来完成。

4. 会议的听众来源广泛

产品发布会的听众里一般有很多新闻记者、产品设计等技术人员和企业管理人员，他们往往是希望得到最新产品信息、产品发展动态和趋势。

5. 注重新闻宣传

很多产品发布会所发布的产品都是一些刚刚推向或准备推向市场的新产品，为了扩大该产品的知名度和影响，很多产品发布会都会事先邀请一些新闻媒体对会议进行现场采访报道。因此，在召开产品发布会时，要特别注意邀请有关新闻媒体参加，并为有关新闻媒体提供必要的安排和一定的服务，这样更有利于会议的成功举办。

6. 对会议平台的展示功能要求高

产品发布会所发布的产品一般都是新产品，发布新产品的企业对它一般也寄予厚望。因此，产品发布会更加注重会议的环境布置，对会议平台的展示功能的要求因此也都较高，有些特殊的产品更特别在乎发布会现场的灯光、音响等布置。

2.2.5 产品推介会

产品推介会是以向特定的对象推广某一种或几种特定的产品为主要内容的会议。产品推介会的目的很明显，那就是将产品更好地推向市场。为此，产品推介会的产品展示和贸易功能很强。产品推介会的主办者一般是企业。和其他会议形式相比，产品推介会有以下一些特点：

1. 会议内容以推介产品为中心

产品推介会主要是为了向市场推介一种或几种产品，这些产品一般都是可以正式在市场上出售的、可以大批量生产的商品。会议的策划重点在于采取何种方式或手段来推介产品，如何才能让听众更了解本产品，因此会议的主要内容是介绍产品的用途、性能和结构等实用性较强的、与最终用户关系密切的一些内容和知识，以求将产品尽快地推向市场。

2. 对会议平台的要求以实用为主

产品推介会更在乎产品的最终用户是否了解该产品。因此，它对会议平台的要求基本上是以实用为主，对会议平台的设计和环境布置等的要求一般比产品发布会要低。会议更多地采用用户座谈、经销商会议等形式并伴以现场演示、示范等手段向人们推广产品。产品推介会的听众更多的是产品的经销商及其最终用户，他们更多地是想了解产品的实用性能和价格。

3. 对会议的相关服务的要求较多

产品推介会由于有较多的实物展示，有的还有实物操作演示与示范，还有的会邀请现场观众亲自参与操作。因此，它的现场服务事项相对较多，也更需要相关协助。

2.2.6 投资洽谈会

投资洽谈会有时候也叫"投资项目招商洽谈会"，它主要是为了招商引资而举办的。投资洽谈会的主办者很多时候是有关政府部门。举办投资洽谈会，要注意做好以下几点。

（1）精选投资项目。投资项目是投资洽谈会的主角，它直接影响到投资方参与投资洽谈会的兴趣，也影响到会议的成败。选择投资项目，既要结合引资地的实际需要，有一定的发展前景，又要符合潜在投资者的投资领域。

(2) 做好投资环境和相关政策说明。潜在投资者除了关心投资项目本身以外，对项目所在地的投资环境和相关政策也十分关注。投资洽谈会要做好这方面的说明和解释工作。

(3) 对投资方进行一定的资质审定。保证投资方的资质值得信赖，不出现欺诈行为。

(4) 要在市场经济的原则下，由项目招商方和项目投资方双方自愿洽谈，自愿签订合同，不可搞"拉郎配"。

课后练习题

1. 填空题

(1) 行业会议是由_____或者是_____组织举办、行业协会会员或者该行业有关企业参加的会议。

(2) 行业会议讨论的问题所得出的结论有时候不仅仅是_____，它往往带有_____，会被有关部门作为制定解决某些问题的政策的依据。

(3) 由于技术交流会常常是_____唱主角，因此，技术交流会往往会向有关_____收一定的费用来作为会议经费的主要来源。

2. 判断题

(1) 行业会议的规模一般在 200 人以下。　　　　　　　　　　　　(　　)

(2) 会议的主讲人一般由组办方确定和邀请。　　　　　　　　　　(　　)

(3) 产品发布会的真正主办者一般是企业，其新产品和信息的发布功能强大。
　　　　　　　　　　　　　　　　　　　　　　　　　　　　　　(　　)

3. 简答题

(1) 会议预算都包括哪些？
(2) 什么是产品推介会？
(3) 行业会议的议程和普通会议有什么区别？

任务2.3　会议接待

学习目标

知识目标：了解会议接待的含义，了解会议接待的一般性流程和注意事项。

能力目标：根据会议的前期策划和主讲人及观众的规模进行会议接待方案的策划，掌握一般性会议接待方案的策划流程和注意事项。

素质目标：培养学生的职业敏感性。

2.3.1 会议接待的含义

会议各项内容确定后，要策划完整的会议接待办法和周密的会议现场管理措施。会议接待是指围绕会议参加人员的迎送和吃、住、行、游、乐等方面对具体事务的安排，是会议活动的具体落实和保障，关系到会议的成败。出色的接待会让与会者有宾至如归的感觉，树立良好的社会形象，提高会议知名度，利于提高一个城市乃至一个国家的国际声望；反之，接待工作不到位，则难免措手不及并可能出现各种混乱的状况，如成功案例——2001年上海举办的APEC贸易部长会议的接待工作就堪称世界一流，大大提升了举办地上海的国际形象。

2.3.2 会议接待方案策划

1. 迎送和引导

1）准备工作

准备工作即了解与会人员的情况，包括：①姓名、性别、年龄、身份、职务、民族、宗教信仰、生活习俗、健康状况、所代表的组织机构等基本情况；②参会目的；③与会人员抵离时间和所选择的交通工具。上述情况可通过汇总会议回执和报名表，或查阅以往会议的档案资料获得。

> **新知识**
>
> （1）如何迎接客人？
>
> 一是确定迎送规格。通常遵循身份相当的原则，即主要迎送人与主宾身份相当，当不可能完全对等时，可灵活变通，由职位相当的人或由副职出面。其他迎送人员不宜过多。
>
> 二是掌握到达和离开的时间。准确掌握来宾到达和离开的时间，及早通知全体迎送人员和有关单位。如有变化，应及时通知有关人员。迎接人员应提前到达迎接地点，不能太早，更不能太迟，甚至迟到。送行人员则应在客人离开之前到达送行地点。
>
> 三是适时献上鲜花。迎接普通来宾，一般不需要献花。迎接十分重要的来宾，可以献花。所献之花要用鲜花，并保持花束整洁、鲜艳。忌用菊花、杜鹃花、石竹花、黄色花朵。献花的时间，通常由儿童或女青年在参加迎送的主要领导与主宾握手之后将花献上。可以只献给主宾，也可向所有来宾分别献花。
>
> 四是不同的客人按不同的方式迎接。对大批客人的迎接，可事先准备特定的标志，让客人从远处即可看清；对首次前来，又不认识的客人，应主动打听，并自我介绍；而对比较熟悉的客人，则不必介绍，仅向前握手，互致问候即可。

五是留下一定时间。客人抵达住处后，不要马上安排活动，要给对方留下一定的时间，然后再安排活动。

（2）如何称呼、介绍和握手？

关于称呼。国际上，对男子通常称先生，对女子通常称夫人、女士、小姐。其中对已婚女子称夫人，对未婚女子称小姐；而对不了解婚姻状况的女子可称小姐，年纪稍大的可称女士。对地位高的官方人士，还可直接称其职务、阁下。

迎接一批客人，如何介绍呢？是先介绍客人，还是先介绍主人？通常由礼宾工作人员或欢迎人员中身份最高者，先将前来欢迎的人员按其身份从高到低依次介绍给来宾。在介绍两个人互相认识时，怎么介绍呢？是先介绍男士，还是先介绍女士？是先介绍年幼者，还是先介绍年长者？是先介绍身份低者，还是先介绍身份高者？是先介绍未婚女士，还是先介绍已婚女士？西方是先卑后尊，我国是先尊后卑，西方与我国正好相反。伴随介绍客人，就是如何握手的问题？伸手次序：由尊者决定。公务场合职务高、身份高者先伸手，非公务场合，年长者、女性先伸手。注意：握手忌用左手、忌戴手套、忌戴墨镜、忌手脏，等等。

（3）如何陪车和引导？

客人抵达后，如果需要陪车，宾主双方如何上车，如何就座呢？

乘坐轿车时，通常有两种情况：当有专职司机开车时，小轿车1号座位在司机的右后边，2号座位在司机的正后边，3号座位在司机的旁边（如果后排乘坐3人，则3号座位在后排的中间）。

如果是主人自己开车，则要请主宾坐到主人的右侧，也就是副驾驶的位置。

中轿主座在司机后边的第一排，1号座位在临窗的位置。

2 会议策划

> 乘坐中大型面包车时,则前座高于后座,右座高于左座;距离前门越近,座次越高。为客人关车门时,要先看清客人是否已经坐好,切忌过急关门,损伤客人。
>
> 当宾主双方并排行进时,引领者走在外侧,让来宾走在内侧。单行行进时,引导者应走在前,来宾走在其后,起到带路的作用。出入房门时,引领者主动开门、关门。出入无人控制的电梯时,引领者先入后出,操纵电梯。

2) 确定迎送规格

对于邀请的 VIP、嘉宾和重要发言人,应遵循身份相当原则安排工作人员和车辆迎送。通常迎送人与主宾身份相当,按照高规格接待来宾,体现高度重视、对外开放、扩大宣传的服务理念。迎接重要的来宾,可以献花,通常由女童或女青年在参加迎送的主要领导与主宾握手之后将花献上,忌用菊花、杜鹃花、石竹花和黄色花朵。

3) 不同的客人按不同的方式迎接

对大批客人的迎接,可事先准备特定的标志,让客人从远处即可看清;对首次前来,又不认识的客人,应主动打听,并自我介绍;而对比较熟悉的客人,则不必介绍,仅上前握手,互致问候即可。

4) 掌握到达和离开的时间

如有变化,应及时通知有关人员。

迎接人员通常应提前 15 分钟到达迎接地点,绝对不能迟到。迎送的目的是为了让每一位与会人员都有宾至如归的感觉。

2. 会议登记

会议召开前,会议登记是最重要的工作。会议登记给与会者的第一印象非常重要,为做好会议登记,会议组织者必须准备好以下会议登记时所需的材料。

1) 会议登记表

填写会议登记表是收集与会者信息的最佳途径之一。会议登记表的项目设计取决于会议组织者需要了解多少与会者的信息,使用何种登记形式要视会议规模的大小、会议种类而定。会议常见的签到形式有以下几种。

(1) 签到登记簿:签到登记簿是会议组织者为本次会议签到而专门印刷的,签到内容包括到会人的姓名、性别、年龄、职务和工作单位等。表 2-2 是较为常见的会议签到登记簿的参考格式。

表 2-2 ××会议签到登记簿

序号	姓名	性别	身份证号	工作单位	职务	职称	通信地址	联系电话	入住酒店	抵达时间	离开时间	备注

（2）宣册签到簿：适用于小型会议或大型会议的特邀嘉宾等。宣册签到簿是一种比较高级、装帧精美的簿册，宣纸制作，锦绫裱封，古色古香，签到者只需签署姓名，具有收藏价值。

（3）签到卡片：供会议正式代表用于会议签到，卡片上印有会议名称、时间和持有卡片人手签的姓名。会议期间要举行几次全体大会，会议组织者就为每位正式代表发放几张签到卡片。举行全体会议时，在入口处，代表将一张签到卡交给负责签到的工作人员即可。

（4）电子签到卡：代表只要将签到卡插进签到器的特定位置，大会中心和主席台上的屏幕就会立刻显示出大会的实到人数。

2）会议入场证

会议入场证可采用印刷、计算机打印、手写等形式，通常印有会议的标志、会议名称及与会者姓名、单位、编号等，有时还附上本人照片。

3）票证

会议期间会用到宴会餐券等各种票证，宴会餐券或其他特殊活动的票证要求时间、用途写清楚。发放票证是控制人数的一种好方法，尤其在特殊活动中以票证为凭证可掌握出席的准确人数。

4）会议资料袋

资料袋中装有与会者在会议期间所需要的各种信息，同时也包括便于客人了解会议的资料和闲暇时间娱乐需要的资料。

5）与会者通讯录

与会者通讯录便于与会者查找同事、老友，结识同行业的新朋友，也便于以后联系及交往。

3. 住宿安排

对会议的住宿安排，要仔细分析与会者的基本情况（职务、年龄、生活习惯等），事先制订方案，做到合理分配。安排住宿时应处理好以下几个方面。

1）集中住宿

（1）为了便于会议期间的信息沟通和会务联系，最理想的住宿安排是与会者都能（或相对集中）住在举行会议的同一家宾馆。

（2）住宿地与会场距离要近，最好住宿地与会场同在一个宾馆或酒店，或住宿地离会场较近，这样既方便，又节省时间和交通费用。

2）住宿安排合情合理，适当有别

（1）安排房间时，要考虑房间的布局是否集中。

（2）与会者的身份高低不同，安排房间时，有必要做到有所区别。与会者中老、弱、病、残人士，尽量安排他们住底层或离服务台近的房间；会议主要嘉宾的陪同或随行人员的房间，应安排在会议主要嘉宾的房间附近，最好是在隔壁或对面，以方便照顾；会议接待人员的休息室应安排在离楼层入口或电梯间较近的地方，并有醒目的标志，方便与会人员联络和寻找。

（3）自费与会者对房间有特殊的要求，也应当尽量予以满足。

（4）鉴有外国友人参加的会议，应该按照国际惯例一人住一间房。

（5）对于相互敌对的国家、团体的与会人员，应尽量安排在不同楼层。

（6）为会议的贵宾预留出条件优越的房间。

（7）安排房间时，尽量把先到达会场，或准备同时离开会场的人员的房间集中安排在一起，这样既方便管理，还可周转房间，节省费用。

3）住宿规格适中、勤俭节约

要根据会议活动的实际需要来确定与会人员住宿的规格与标准，提供适合的住宿规格与标准。

4）与会者住房表

一种是把所有与会者的名单按一定的顺序排列的住房表，在名字后面写上房间号码。另一种是按房间号码顺序排列的住房表，在每个房间后面写上与会者的姓名。这种住房表便于向与会者传递信息等。

5）住宿押金和账户

如果会议注册费中不包含住宿费，那么必须要求与会者事先缴付一定的押金，以免会后收不到会议住宿费而造成损失。会议组织者应当在宾馆开设两种账户，一种是总账户，一种是个人账户。所有会议的集体开销和包含在会议注册费里面的与会者的开销均记入总账户，与会者的其他个人开销记入其个人账户。总账户由专人控制，只有指定的会务人员签字的账单才可以记入总账户。

4. 餐饮安排

通常，会议筹备组会指定具体负责人根据餐饮活动预算与餐饮服务方谈判，确定每个餐饮活动的细节。会议的餐饮服务方也应安排一个主管以上的管理人员作为餐饮负责人，全面负责会议的餐饮服务。为了提高工作效率，要求餐饮负责人必须要有权威性，能够代表服务方进行谈判，对于餐饮活动的各个细节能够尽快决定。

会议组织者可以根据自身要求，设计出本会议的餐饮预订单，细节内容必须考虑到：日程和时间，用餐场地，餐饮形式，标准和规格，价格，菜单（含酒水），饮食禁忌，预订人数，音响设备，付款方式和签单负责人。明确以上餐饮活动细节，目的是使会议组织者和餐饮服务方都能明确每项餐饮活动安排的细节，既保证餐饮活动按餐饮预订单进行筹备和检查，也以备出现纠纷时有参考的依据，保证会议餐饮活动的顺利进行。

会议组织方餐饮负责人必须在现场明确以下会议餐饮环节。

（1）提供就餐人数以备餐饮服务方做好用餐准备。可根据会议报到登记情况进行统计，还可分组统计，然后汇总用餐人数。

（2）明确就餐标准和规格，确定菜谱。就餐标准根据预算分解为早餐、中餐、晚餐的具体支出。菜谱的确定要考虑就餐标准，应在经费预算的范围内。根据就餐形式商定一份科学、合理的菜谱，并尽可能满足少数民族及有特殊饮食习惯（素食者）的与会代表的需求。

（3）定好就餐形式。就餐形式通常分为自助餐或围桌餐两种。自助餐（又叫冷餐会）常用于宴请人数众多的宾客，不固定座位，自取食进餐，适合不同口味。中式餐饮常采取围桌餐形式，就餐时宾主均按身份排位就座，要注重坐椅的摆放礼仪。正式宴会通常要挂"欢迎宴会"大字横幅，有时还配以标语，标语的内容可以根据宴会的主题拟定。

（4）发放就餐凭证。就餐凭证一般有两种，一种是印制专门的会议就餐券，在与会人员报到时与会议资料一起发放，每次就餐时收回；另一种是凭会议证件进入餐厅就餐。

（5）就餐时间安排。就餐时间一般要同会议的作息时间相一致，安排时要考虑就餐的速度。早餐和午餐时间1个小时为宜，晚餐可适当延长。

（6）重视迎/送宴会安排。通常欢迎宴会安排在开幕式当晚，欢送宴会则安排在会议结束的当天晚上，目的是为与会者提供一个话别的机会。有些会议也将些其他活动安排在闭幕宴会上，如颁奖活动和答谢活动等。欢送宴会一般为围桌餐，食品以正餐为主，可以适当地多提供一些酒水。

5. 旅游活动

在会议休会期间或会议结束后，会议组织者可以安排与会者观看文艺节目和参观游览。这样既能满足与会者利用会议之机游览当地或周边风景名胜的愿望，又再次为他们提供了社交的机会。

会议活动的参观游览一般分为两种，一种是商务参观考察。对于商务参观考察，会议的主办方主要是要落实好交通工具、安排好食宿、配备司乘人员和陪同人员，陪同外宾参观考察还应配备翻译。这类参观考察也可委托会议中介公司来组织。另一种是旅游观光。一般来说，会议旅游基本安排短线旅游，时间不超过两天（大多数为一日游）。会议的主办方大都是委托旅行社实施，但要选择信誉好、价格合理的旅行社，并提前将旅游时间、线路、住宿及餐饮安排告知与会人员，并组织好报名工作。

安排游览之余的文艺节目时应注意以下几个问题。

（1）文艺节目应当配合会议的主题。

（2）照顾观看对象的兴趣和要求。

（3）文艺节目应体现会议所在地的民族特色和传统文化。

（4）文艺节目的安排应在休会期间，不影响会议的进行。

（5）安排好观看人员的接送工作。

6. 安排返离，清理会场

会议结束后，会议接待人员还应做好与会人员的返程工作，具体要做到：

（1）预订返程票。在会议报到登记时应要求预订返程票的与会人员填写返程方式、时间、航班或车次等内容，及时与有关部门联系订票事宜。在会议即将结束时，把预订的返程票交到与会人员手中，并确认无误，做好钱票交接手续，并根据与会人员的返程时间做好返程送行的安排。

（2）会议费用的结算。会议接待人员在安排与会人员返程的同时还要准确及时地结算与会人员的会议费用，开具正式发票等。

（3）合影留念。一般情况下，会议结束后可安排全体与会代表合影留念，在有领导人参加的会议中，与会代表与出席会议的领导人合影留念通常是必不可少的。

（4）告别欢送。与到会迎接一样，与会人员离会时也要热情欢送，具体要求是：安排好车辆将与会人员送至机场或车站；与会领导、特邀嘉宾等身份较高者应当由会议主要领导亲自到机场或车站送行；会议主要领导尽可能安排时间向大家告别。

（5）清理会场。会议结束后，要清理会场，把会场恢复到和使用前一样的状态。在检查会场和房间时，若发现与会人员遗忘的物品和文件要及时通知归还。

怎么做会议预算

怎么做好预算计划？

年会有各种不同的类型，有的是答谢客户的，有的是员工总结大会，所以在计划之前需要明确职责任务，不同的会议需要不同的环境，召集开会议是要达到一定的目的和目标。因此第一个重要步骤是收集方方面面的信息，通过收集这些信息可以制订出众多工作的计划。制订完善的会议计划要确定必须要做的事项以满足会议的需要并达到会议预期目标。

制定预算：制定可行预算或按既定预算安排有关工作；确定各项工作的时间安排。

通常而言，年会预算包括以下几个方面。

1. 交通费用

交通费用可以细分为：

（1）出发地至会务地的交通费用——包括航班、铁路、公路、客轮，以及目的地车站、机场、码头至住宿地的交通。

（2）会议期间交通费用——主要是会务地交通费用，包括住宿地至会所的交通、会所到餐饮地点的交通、会所到商务交际场地的交通、商务考察交通以及其他与会人员可能使用的预定交通。

（3）欢送交通及返程交通——包括航班、铁路、公路、客轮及住宿地至机场、车站、港口交通费用。

2. 会议室/厅费用

具体可细分为以下费用。

（1）会议场地租金——通常而言，场地的租赁已经包含某些常用设施，譬如激光指示笔、音响系统、桌椅、主席台、白板或者黑板、油性笔、粉笔等，但一些非常规设施并不涵盖在内，比如投影设备、临时性的装饰物、展架等，需要加装非主席台发言线路时也可能需要另外的预算。

（2）会议设施租赁费用——此部分费用主要是租赁一些特殊设备，如投影仪、笔记本电脑、移动式同声翻译系统、会场展示系统、多媒体系统、摄录设备等，租赁时通常需要支付一定的使用保证金，租赁费用中包括设备的技术支持与维护费用。

值得注意的是，在租赁时应对设备的各类功效参数作出具体要求（通常可向专业的会议服务公司咨询，以便获得最适宜的性价比），否则可能影响会议的进行。另外，这些会议设施由于品牌、产地及新旧不同，租赁的价格可能相差很大。

（3）会场布置费用——如果不是特殊要求，通常而言此部分费用包含在会场租赁费用中。如果有特殊要求，可以与专业的会议服务商协商。

（4）其他支持费用——这些支持通常包括广告及印刷、礼仪、秘书服务、运输与仓储、娱乐保健、媒介、公共关系等。基于这些支持均为临时性质，如果会议主办方分别寻找这些行业支持的话，其成本费用可能比市场行价要高，如果让专业会议服务商代理，将获得价格相对比较低廉且服务专业的支持。对于这些单项服务支持，主办方应尽可能细化各项要求，并单独签订服务协议。

3. 住宿费用

住宿的费用应该非常好理解——值得注意的只是住宿费里面有些价格是完全价格，而有点是需要另外加收政府税金的。对于会议而言，住宿费可能是主要的开支之一。找专业的会展服务商通常能获得较好的折扣。

正常的住宿费除与酒店星级标准、房型等因素有关外，还与客房内开放的服务项目有关，譬如客房内的长途通讯、洗换、迷你吧酒水、一次性换洗衣物、互联网、水果提供等服务是否开放有关。会议主办方应明确酒店应当关闭或者开放的服务项目及范围。

4. 餐饮费用

会议的餐饮费用可以很简单，也可以很复杂，这取决于会议议程需要及会议目的。

1）早餐

早餐通常是自助餐，当然也可以采取围桌式就餐，费用按人数计算即可（但考虑到会议就餐的特殊性及原材料的预备，所以预计就餐人数不得与实际就餐人数相差到15%，否则餐馆有理由拒绝按实际就餐人数结算，而改为按预定人数收取费用）

2）中餐及午餐

中餐及午餐基本属于正餐，可以采取人数预算——自助餐形式，按桌预算——围桌式形式。如果主办方希望酒水消费自行采购而非由餐馆提供，餐馆可能会收取一定数量的服务费用。

3）酒水及服务费

通常，如果在高星级酒店餐厅就餐，餐厅是谢绝主办方自行外带酒水消费的，如果可以外带酒水消费，餐厅通常需要加收服务费。在高星级酒店举办会议宴会，通常在基本消费水准的基础上加收15%左右的服务费。

4) 会场茶歇

此项费用基本上是按人数预算的,预算时可提出不同时段茶歇的食物、饮料组合。承办者告知的茶歇价格通常包含服务人员费用,如果主办方需要非程序服务,可能需要额外的预算。通常情况下,茶歇的种类可分为西式与中式两种——西式基本上以咖啡、红茶、西式点心、水果等为主;中式则以开水、绿茶或者花茶、果茶、水果、咖啡、水果及点心为主。

5) 联谊酒会/舞会

事实上,联谊酒会/舞会的预算可能比单独的宴会复杂,宴会只要设定好餐标与规模,预算很容易计算。但酒会/舞会的预算设计到场地与节目支持,其预算可能需要比较长的时间确认。

6) 其他

点心、水果及调制色。

5. 视听设备

除非在室外进行,否则视听设备的费用通常可以忽略。如果为了公共关系效果而不得不在室外进行,视听设备的预算就比较复杂,包括:

(1) 设备本身的租赁费用,通常按天计算。

(2) 设备的运输、安装调试及控制技术人员支持费用,可让会展服务商代理。

(3) 音源——主要是背景音乐及娱乐音乐选择,主办者可自带,也可委托代理。

6. 演员及节目

通常可以选定节目后按场次计算,预算金额通常与节目表演难度及参与人数正相关。在适宜地点如果有固定的演出,那预算就很简单,与观看表演的人数正相关,专场或包场除外。

7. 杂费

杂费是指会展过程中一些临时性安排产生的费用,包括打印、临时运输及装卸、纪念品、模特与礼仪服务、临时道具、传真及其他通讯、快递服务、临时保健、翻译与向导、临时商务用车、汇兑等。杂费的预算很难计划,通常可以在会务费用预算中增列不可预见费用作为机动处理。

课后练习题

1. 填空题

(1) 会议接待是指围绕会议参加人员的_____和_____、_____、_____、_____、_____等方面对具体事务的安排,是会议活动的具体落实和保障,关系到会议的成败。

(2) 会议登记给_____的第一印象非常重要。

(3) 会议活动的参观游览一般分为两种，一种是_____，另一种是_____。

2. 判断题

(1) 对于邀请的 VIP、嘉宾和重要发言人，应遵循大众原则安排工作人员和车辆迎送。（　　）

(2) 迎接人员通常应提前 5 分钟到达迎接地点，绝对不能迟到。（　　）

(3) 会议就餐形式通常为围桌餐一种。（　　）

3. 简答题

(1) 如何对会议费用进行结算，需注意的事项是什么？

(2) 说一下行业会议的分类。

(3) 集中住宿的好处和注意事项。

任务2.4　典型的会议策划案例

学习目标

知识目标：了解一日会议和多日会议的策划流程和策划内容。

能力目标：掌握一日会议和多日会议的策划流程，根据会议的类型有针对性地对会议内容进行筛选和创新。

素质目标：树立学生勇于承担任务的信心，培养他们肯于付出的职业精神。

2.4.1　一日会议的策划方案

这是为有 50 名与会者参加的一日会议策划的方案。大多数一日会议都是为那些在附近地区居住或工作的人举行的。会场通常选在一家有较多会议室的酒店，见表 2-3。

表 2-3　一日会议的策划方案议程

事件序号	时间	活动	地点
1	8:30a.m.	注册登记	大厅
2	9:00a.m.	全体大会	大会厅
3	9:45a.m.	并行会议	（灵活安排）
4	10:30a.m.	休息	大厅
5	10:45a.m.	并行会议	（灵活安排）
6	11:30a.m.	自由活动	
7	12:00noon	午餐	大会厅

续表

事件序号	时间	活动	地点
8	1:30p.m.	讨论会Ⅰ	（见讨论会安排）
9	2:30p.m.	并行会议	（见并行会议安排）
10	3:15p.m.	休息	
11	3:30p.m.	讨论会Ⅱ	（见讨论会安排）
12	4:30p.m.	自由活动	
13	5:00p.m.	全体大会	大会厅
14	6:00p.m.	招待会	大会厅

事件1 会议注册登记时间定为8:30a.m.，应该为与会者留出吃早饭和路程上的时间（这个时间可以根据与会者的交通工具和会场附近的公共交通设施的情况有所改变）。半小时的时间可以让与会者从容不迫地参加会议。这种策划方案假定与会者已经提前注册过，因此秘书会在注册时段不必赶时间。

事件2 全体大会作为整个会议的开始，时间不应超过35分钟。下一个会议将在9:45a.m.举行，因此与会者只有不到10分钟时间从大会厅转移到并行会议的场地。

事件3 现在并行会议开始了，具体的安排见表2-4。请注意，每一个并行会议的编码都是以3开始，这样可以使相关的每一个人马上看出具体会议与时段安排之间的关系。这种联系还可以通过许多其他方式来表现，但是不论使用怎样的系统，都必须让与会者看明白。3位数字编号的系统可以表示99个并行会议。当并行会议在9个以下时，则可以用30~39的编码来表示。

事件4 事件之间的休息也要用编号标识出来，以便控制休息的时间。秘书会应该负责安排休息时间，并用编号来标明每一次会议的时间及其他问题，以避免发生混乱。休息是整个会议的一部分，每一次休息都有特殊的原因和安排。在一个半小时的连续活动后，与会者需要休整一下，吃些东西或四处走走，放松双腿。

事件5 这是第二组并行会议（见表2-4）。在策划方案的这个部分并没有安排重复会议，但是在会议当天的晚些时候将有相关的安排。

事件6 这一段自由活动时间，可以让与会者有机会进行各种活动，而不错过会议。一日会议的会场常常处在市中心，在这种情况下，可能有些与会者想趁此机会进行购物，或和其他的与会者小聚一下，而如果会议安排中没有留出自由活动的时间，他们就有可能放弃一两个会议，出去聚会。有些与会者希望一天的活动在午餐之前有些小变化。

事件7 这个策划方案中安排所有的与会者在一起用午餐。当会议不提供午餐时，日程表上应该在场地一栏标注"午餐自便"或类似的说明。如果午餐会上有发言人讲话，通常整个午餐会要安排两个小时，如果没有安排发言人讲话，与会者可能要利用午餐休息时间进行一些其他的活动。如果会议安排与会者午餐自便，承办者则应向与会者提供相关信息，帮助他们选择食物好而且服务快捷的餐厅。

表2-4　一日会议中的并行会议安排

事件3	9:45a.m.	并行会议
会议序号	主题	后勤人员
301	地点	
302		
303		
304		
事件5	10:45a.m.	并行会议
会议序号	主题	后勤人员
501	地点	
502		
503		
504		
事件9	2:30p.m.	并行会议
会议序号	主题	后勤人员
901	地点	
902		
903	重复会议302	
904	重复会议304	

　　事件8在午饭后举行的会议有一定的难度，因为这个时候与会者可能感觉比较懈怠。而要求与会者积极参与并进行信息交流的讨论会则可以解决这个问题。表2-5是对讨论会的安排。请注意，这里要用到记录员，他们是与会者事先选举出来的，负责记录小组讨论的结果。

　　讨论会有许多种，在这个策划方案中的讨论会是要以全体大会和此前的两个并行会议基础进行讨论并提交出简短的报告。讨论会的成果将在事件13中被公布。

　　事件9安排另一组并行会议是为了让与会者有机会参加他们在上午错过的会议，因为他们无法同时参加先前举行的所有并行会议。在这个时段里，将重复两个上午举行过的会议。

　　事件10休息时间。

　　事件11在第二组讨论会上，与会者可以继续事件8中的分组方式和讨论话题，也可以重新结组，后者应取决于讨论的内容和计划得到的结果。

　　事件12在这里安排自由活动时间部分是出于事件6相同的原因，还有部分原因是为了给与会者一定的时间来完成准备报告的任务。虽然这些报告也可以在全部会议结束之后再整理，但是这里的安排是该准备工作成为讨论会的一部分，以便与会者在会议的后面部分中分享这些报告的内容。在后勤人员的指导和帮助下，记录员可以为后面会议中的发言收集信息。由于自由活动时间只有半个小时，收集数据的工作应当安排得简短有效。

表 2-5 一日会议中的讨论会安排

事件 8	1:30 p.m.	讨论会 I	
讨论会序号 801 802 803 804 805 806	主持人 房间		记录员
事件 11	3:30 p.m.	讨论会 II	
讨论会序号 1101 1102 1103 1104 1105 1106	主持人 房间		记录员

事件 13 在这个策划方案中，一天的最后一个会议有两项任务。首先是要让全体与会者共同分享各自的讨论会报告，大家可以趁此机会听取自己讨论组的报告，同时从其他讨论组的报告中有所收获。其次，这也是整个会议的闭幕式，并不一定要安排发言人，但通常要做一些积极的闭幕陈述。

事件 14 招待会往往是一项可有可无的安排。虽然并非所有的与会者都将参与招待会，但出席的人也不会很少，因为他们想避开交通拥挤的高峰期。如果公司高层人物参加招待会作为一般其他与会者也都要出席。营利性的公众大会通常利用一天最后的招待会作为进行营销的一个手段。会议工作人员将在招待会上接触一些与会者，听取他们对会议的非正式评价，并就他们咨询的该主办者举行的其他一些会议作答。

2.4.2 简便的三日会议策划方案

这里所要列举的简便的三日会议策划方案适用于规模在 20~75 人的会议。具体完整的日程安排详见表 2-6。

事件 1A 会议承办者和会议主持人一起理顺会议的策划方案。首先，每一位会议主持人都要准备一份为时一个半小时的自选题目演讲。其次，他们每人要在资料演示上与几名与会者进行非正式会晤，坐在一起交谈。

事件 1B 与会者可以事先注册，也可以在这个时段里进行注册登记。为了烘托气氛，与会者们可以在会议的公共休息室里互相见面。

事件 2 简短的招待会将为会议主持人和与会者提供见面交流的机会。晚餐时，鼓励会议主持人和与会者们坐在一起。晚餐后，会议策划委员会的一名成员将发表一篇简短的欢迎词，确定会议的气氛。然后由会议的承办者发言，用高射投影仪向与会者传达表 2-6 显示的日程安排，并且解释与会者将会用到的各种表格。

表2-6 多个日会议的策划方案议程

事件序号	周日	事件序号	周一	事件序号	周二	事件序号	周三
		3	早餐	13	早餐	23	早餐
		4	会议主持人演讲	14	会议主持人演讲/资料	24	根据会议主持人和与会者的计划而定
		5	休息	15	休息	25	闭幕式
		6	会议主持人演讲	16	会议回顾		
		7	午餐	17	午餐：分桌讨论		
1	A. 会议主持人计划；B. 注册	8	与会者演讲	18	会议主持人演讲/资料		
		9	休息	19	休息		
		10	会议主持人——资料	20	主持人规划会议		
2	A. 招待会和晚餐；B. 解释会议将如何进行	11	A. 与会者自同活动；B. 会议主持人——Planning	21	自由活动		
		12	啤酒聊天会	22	晚上：发言人讲话		

事件3 早餐时的座位是事先安排的，以便保证每一张餐桌边都有一两名会议主持人，目的是鼓励与会者和会议主持人增进交流。

事件4 半数的会议主持人在并行会议上发表演讲，与会者可以自由选择出席哪些会议。

事件5 休息。

事件6 另一半的会议主持人在这个时段发表演说。此后就不再安排主持人作正式的演讲，除非应与会者的要求。这些计划外的会议将是前面并行会议的重复。

事件7 午餐的座位也是事先安排的，因为有些与会者可能没有参加集体早餐，这样做是为了给他们与会议主持人交流的机会。

事件8 由于与会者也是相关方面的专家，所以他们也应邀发表演讲。这些演讲就安排在此时段。

事件9 休息。

事件10 在这个时段里没有安排演讲，会议主持人将回答与会者的问题。实际上，与会者可以自行选择与任何会议主持人进行交流。在公告板上会公布一些信息如"此时段，会议主持人 A 将在 320 室"。在交谈中，与会者将引导谈话的主题。

事件 11A 与会者在这段时间里可以自由活动。会议将提供由会场到市中心的交通工具。与会者也可以在公共休息室里小坐或会面。

事件 11B 当与会者自由活动的时候，会议主持人要聚到一起，回顾一下会议的进程。会议主办者也会借此机会为会议主持人、承办者和策划委员会举行招待午餐，以表示对他们工作的赞赏。餐会将在会场以外的地方举行，以免受到干扰。

事件 12 公共休息室中准备了啤酒、软饮料和脆饼干。会议主持人也被送回会场参加这个活动。

事件 13 早餐时，会议主持人仍要坐在指定的餐桌旁。

事件 14 与会者将控制这个时段的活动。一部分会议主持人将在重复会议上发表演讲，另一部分将回答与会者的问题，这些分工将根据与会者向秘书处提供的反馈信息决定。

事件 15 休息。

事件 16 与会者对进行至此的会议作出评价。他们知道自己提供的信息将被应用在事件 20 中，以便决定事件 24 的内容。

事件 17 到这时，与会者已经得到了足够多的机会与会议主持人交流，因此这次午餐将按照与会者事先提供的话题进行组织。每个餐桌上都用标签标明本桌的主题。还有一些餐桌没有规定特定的主题，以方便那些希望进行广泛交谈的与会者。

事件 18 和事件 14 类似，有些会议主持人发表演讲，另一些回答与会者的问题，他们的分工同样要根据与会者事先提供的反馈信息决定。

事件 19 休息。

事件 20 在这个时段里，会议将根据由事件 14 收集到的与会者的意见来计划事件 24 的活动，同时也要征求会议主持人的意见。

事件 21 参与会议的每个人都可以利用这段自由活动时间为餐会作准备。

事件 22 在会议策划过程中，主办者强调邀请发言人进行演讲。承办者和策划委员会认为这样做不会收到很好的效果，他们觉得会议进行到这个时候应该由与会者完全控制。主办者否决了承办者的意见，选出了在这个时段发表演讲的发言人。

事件 23 这次最后的早餐完全没有组织上的规定，与会者和会议主持人可以随便与他们喜欢的人坐在一起。

事件 24 这个时段的活动是会议主持人根据与会者的意见安排的，主要是对前几次会议的重复。

事件 25 除了对会议作出口头和书面评价之外，整个闭幕式都保持着非正式的气氛。

会议策划的一个关键就是出现突发问题时不要方寸大乱。事实上即便您运筹帷幄，突发事件也有可能发生。经验证明，只要及早策划和预测，直面问题，进行理性的判断，很多问题是能够化解的。

一般说来，会议活动中常见的突发事件有以下几个。

（1）原定的主要发言人没出现。

(2) 登记代表数量不够。
(3) 代表们没出席。
(4) 发言人表现不当。
(5) 某位代表言行不当。
(6) 在活动前，会场出了大问题。
(7) 有国家性的重要活动与本次会议同时举行。
(8) 重要的健康问题。
(9) 有人病得厉害。
(10) 饮食供应令人不满。
(11) 影响代表们到会与离会的主要交通问题。
(12) 严重的 IT 系统问题。

课后练习题

简答题
(1) 总结一日会议的策划流程。
(2) 完成一份会议登记表。
(3) 会议活动中常见的突发事件有哪些？

任务 2.5　会议总结

学习目标

知识目标：了解会议总结的内容，明确会议总结的重要作用。
能力目标：根据已有的会议情况写出有针对性的会议总结。
素质目标：培养学生向他人学习的学习意识，培养他们的职业敏感性。

会议结束以后，要及时对会议筹备及举办过程中的经验和教训进行总结，以便下一次举办会议时能使会议的水平得到进一步的改善和提高。对会议进行总结，首先，要对会议主题、议题以及主讲人和听众进行评估，要检讨会议的主题和议题是否适当，会议的主讲人是否合适，演讲的内容及效果是否达到原来的预期，分析听众的来源和构成怎样。其次，要对会议的筹备和实施方案进行评估，考察会议的筹备各过程是否合理，会议的实施方案有无可以改进和调整的地方，会议的现场布置是否恰当，会议的工作人员是否称职。最后，对会议的收支情况进行评估，看看各项支出是否必要，是否可以进一步扩大收入来源等。主办机构可以从以上各项评估中，找出好的经验，总结出不足之处，作为改进和提高下一次会议的参考依据。对会议进行全面的总结，对于继续开好下一次会议有着十分重要的作用。

2 会议策划

以上是会议策划的一般流程。但在现实中，对于一些大型的或者是高标准的会议，可以专门成立会议秘书组、组织组和会务组等功能小组来分工负责会议的筹备工作，通过各小组的通力合作、相互配合，共同保证会议的顺利召开。对于一些超大规模的会议，还可以设置专门的会议筹备委员会和组织委员会等机构来促进会议的顺利召开。

课后练习题

简答题

会议总结的重要性。

任务2.6　会议经典案例精析

海南博鳌论坛

博鳌亚洲论坛成立于2001年，是一个非官方、非营利、定期、定址的开放性国际组织，目前论坛已发展成为亚洲以及其他大洲有关国家政府、工商界和学术界领袖就亚洲以及全球重要事务进行对话的高层次平台。论坛以立足亚洲，深化亚洲各国间的交流、协调与合作，来促进亚洲经济与社会的发展；面向世界，增强亚洲与世界其他地区的对话和经济联系等各个方面问题的高层对话为宗旨。博鳌亚洲论坛是由3位亚太国家的前政要，即菲律宾前总统拉莫斯、澳大利亚前总理霍克、日本前首相细川护熙于1998年共同发起倡议的，2000年落户中国的海南，2001年2月，论坛正式宣告成立。论坛强调开放性和国际性，自成立以来，积极促进亚洲各国间的对话与合作，为实现亚洲国家的共同发展做出了重要贡献。博鳌亚洲论坛落户海南后，省内以此为代表的会展经济日益发展，成为带动海南旅游业蓬勃发展的重要推动力之一。无论是从论坛本身日益广泛的影响力，还是从论坛对博鳌及海南会展和相关经济群的拉动效应上看，博鳌论坛都以其快速的发展历程证明了它是一个成功的国际高层论坛。

1. 非同寻常的国际高层论坛

论坛自成立以来，一直立足亚洲经济、政治一体化，谋求亚洲国家间的合作与交流，为亚洲国家经济社会的发展与繁荣做出了重要贡献。经过数年的发展，博鳌亚洲论坛的影响力逐步扩大。时至今日，论坛已发展成为世界范围内具有重大权威性和影响力的国际论坛。博鳌亚洲论坛之所以发展如此迅速，在短时间内凝聚强大的影响力，源于论坛发起人及主办者把握时代脉搏，顺应世界及亚洲经济、政治、社会发展潮流，使论坛的建立和发展具有坚实的客观基础和条件。亚洲地域辽阔、资源丰富、人口众多、人民勤劳、历史悠久、文化灿烂。目前，亚洲经济总量占世界总量的1/4，贸易总额占全球的1/3，外汇储备占全球的3/4，2006年全球500强中，亚洲企业占了12家。亚洲已成为全球经济最具活力和潜力的地区之一，亚洲的发展与繁荣对世界影响巨大。在新形势下，亚洲的发展面临着新的机遇与挑战。当今总体和平的国际环境，为亚洲的发展提供了有利的外部条件。经济全球化的深入，世界科技革命的突飞猛进，国际间生产要素优化重组和产业转移的加快进行，为亚洲国家利用国际资本，引进先进技术，开拓国际市场，推动本国经济发展提供了便利。同时，亚洲的发展也面临着新的挑战，影响和平与发展的因素依然存在，安全形势错综复杂；不公正的国际政治经济旧秩序尚未根本改变，国际间经济、科技竞争更加激烈。此外，亚洲国家在经济结构、金融体系、生态环境、国际竞争力等方面，也存在亟待解决的问题。图2-1为李克强总理在论坛发言。

图2-1 李克强总理在论坛发言

面对新的机遇和挑战，加强合作和交流，促进共同发展，实现友好国家的共赢，是振兴亚洲的必由之路。在经济全球化和欧洲经济一体化、北美自由贸易区进一步发展的形势下，亚洲各国如何应付全球化对本地区国家带来的挑战，保持本地区经济的健康发展，加强相互间的协调与合作，已成为亚洲各国面临的共同课题。博鳌亚洲论坛正是在亚洲国家和地区经济、政治交流与沟通加剧的形势下产生的。博鳌论坛的建立是亚洲经济政治协调发展的客观要求。亚洲各国经济发展的沟通和交流的迫切性，为博鳌论坛的出现及持续发展提供了客观保障。

除了依据亚洲经济协调发展及一体化这一客观基础外，论坛的发起人和主办者对论坛的独特定位和特色化运作，同样为论坛迅速发展而成为国际高层论坛创造了条件。当前世界各类组织和论坛如雨后春笋般涌现，如亚太经合组织（APEC）、亚太经社会（ESCAP）、东亚领导人会晤（10+3）、达沃斯世界经济论坛、财富论坛等。博鳌论坛要想在国际会展舞台上与知名的国际论坛比肩，确立自己的一席之地，论坛与众不同的特色定位和经营至关重要。

与众多国际论坛组织相比，博鳌论坛作为后起之秀，在强调它的开放性、泛亚性和国际性的同时，还有一些与众不同的特点。

第一，论坛以亚洲为立足点，从亚洲的视角去审视世界重大经济问题，同时又通过与世界其他地区的对话与交流，深化亚洲内外的经济联系。博鳌亚洲论坛在一定意义上是对上述组织和论坛的有益补充，也是其合作伙伴。

第二，论坛虽然由3位亚太国家前政要共同倡议的，但最终由多个国家的代表共同联合成立，因此论坛背后各有相关国家政府的大力支持。

第三，与论坛相配套的博鳌亚洲研究和培训学院，将聘用最具实力的专家和教授任职论坛，并与世界一流的科研院所联合，负责论坛的智力支撑和人力资源开发。这可能是博鳌亚洲论坛与其他论坛的一个显著差异，也是博鳌论坛的优势所在。

第四，论坛包容性强。亚洲各国间经济发展的差异较大，既有世界上的发达国家，也有世界上欠发达的国家；同时，亚洲宗教种类繁多，如佛教、基督教、伊斯兰教、印度教和东正教等。博鳌论坛在如此复杂的背景下成立和发展，包容性自然不可缺少。

第五，总部所在地博鳌面积达 41.8km^2（如图2-2所示），这里集江、河、湖、海、山为一体，其丰富多样的自然环境，不仅在亚洲独具特色，在全球范围内也较为罕见。此外，博鳌人文地理环境的总体规划始终将论坛置于核心地位。

博鳌论坛的形象定位如此鲜明，难怪世界众多政要对它赞不绝口。论坛发起人之一拉莫斯在成立大会上说："亚洲虽然已经有不少类似的论坛，但没有一个论坛在智力支持和外交经验方面能与博鳌亚洲论坛相媲美。"前国家主席江泽民则表示："博鳌亚洲论坛为各方人士提供了一个共商亚洲地区经济发展、人口和环境等问题的高层次对话场所，反映了在经济全球化背景下亚洲各国希望加强对话、寻求合作、实现共同发展的时代要求。"联合国原秘书长安南的贺信也对论坛的时代特征给予了高度评价，说："各界领导人在博鳌论坛上自由而又开放地进行讨论，有助于世界听到更多的声音，这不仅给亚洲，而且给整个国际社会都将带来益处。"图2-3为论坛场馆。

图 2-2　博鳌所在地的鸟瞰图

图 2-3　博鳌论坛所在地的实景图

博鳌亚洲论坛除了利用亚洲地缘优势，最大限度地突出论坛的特色之外，更注重论坛与国际论坛间的接轨，在组织形式、经营模式上不断对论坛进行改革，以保证论坛的生机和活力。首先，论坛在年会组织形式上将进一步与国际性论坛组织按惯例接轨，以满足各领域、各层次的与会代表的对话交流需求。

例如，更多地为企业家组织一些与政治人物、同行之间的小范围对话会议，既帮助企业发现商机，也使论坛具有高层次招商平台的服务功能。其次，除了举办好年会，论坛还举办一系列专题会议，使亚洲乃至世界可以时时倾听到博鳌论坛发出的声音。2004年论坛就举行了6月的亚洲发展合作高层论坛、7月的国际能源论坛、8月的亚洲教育论坛、9月的世界旅游大会等，为了使亚洲更多的国家和地区参与论坛的对话交流，论坛还有意识地在西亚、中亚和南亚举办一系列会议，以扩大论坛在这些地区的影响力。再次，一年一度的博鳌亚洲论坛年会，已成为思想激荡和观点碰撞的盛会。2007年论坛年会迎来了包括中国全国人大常委会吴邦国委员长、菲律宾总统阿罗约、巴基斯坦总理阿齐兹等亚洲政要，微软总裁比尔·盖茨等工商界巨擘、学术界名流在内的36个国家和地区的400多名精英代表，围绕着亚洲的发展前景和发展方式，各抒己见，畅所欲言，其精辟的观点，深刻的阐释，热烈的讨论，以及自由开放的交流气氛，成就了博鳌亚洲论坛年会独特的魅力。另外，博鳌论坛还通过与国内外一些智囊机构、战略研究机构合作，以建立和完善论坛智力支持网络，使论坛成为一个高水平的世界性论坛，论坛与中国（海南）改革发展研究院的合作就属此类。总而言之，论坛以寻求亚洲共赢为目标，以亚洲经济一体化为依托，以特色定位和新颖经营为根本，并注重与国际论坛接轨，强化改革创新意识，力争将博鳌亚洲论坛办成高水平的世界性论坛。

2. 外交和外贸相契合的论坛

论坛以推动亚洲交流与合作、促进亚洲经济一体化为目标，是亚洲乃至世界各国间政治外交和经济外贸深入发展的产物。亚洲一体化离不开政治的协调与经济的融合，所以论坛的主题不可能抛开外交和外贸。事实上，博鳌亚洲论坛已经成为亚洲加速融合，走向一体化的"加速器"；成为东西方广泛开展外交和外贸交流与对话，寻求亚洲共赢及亚洲与世界共赢的新舞台。

博鳌论坛既是一个显示合作的政治意愿的舞台，也是一个谋求更紧密经济合作的舞台。发展经济是世界各国面临的重要任务。在经济全球化的时代背景下，亚洲国家的发展既面临机遇也面临挑战，各个国家和地区只有加强交流与合作才能在全球化形势下实现共同发展。在经济全球化深入发展的同时，政治对经济的影响日益增大，各国在经济发展中对政治的重视程度也与日俱增。博鳌亚洲论坛正是通过构建各国对话沟通的渠道，以实现"合则多利"的共赢目的。

经济与政治的沟通和交流是亚洲经济一体化的根本途径，论坛以亚洲区域一体化为目的，就必须以外交、外贸为核心主题。论坛外交、外贸双重性质的结合实现了论坛基于时代背景的准确定位，为论坛的特色化运作提供了前提条件。

3. 博鳌论坛效应带旺海南会展经济

博鳌论坛作为会展经营的一个典范，在迅速发展壮大、不断扩大自身影响力的同时，更极大地带动了海南会展经济的发展。会展经济作为一种新兴的经济形态对相关经济群具有巨大的拉动作用。不仅如此，在会展经济内部一个单一的成功展会，同样可以带动一定区域内会展业的繁荣，进而全面推动相关经济领域的增长。博鳌论坛正是如此。在论坛成功推出之后，受论坛效应的影响，海南会展经济得到了飞速发展。

2 会议策划

【知识链接】

琼海一年会议300个，博鳌亚洲论坛带旺会展经济

新华网海南频道2002年12月25日消息 据统计，受益于博鳌亚洲论坛效应，今年以来，已有300多个国内外会议在琼海召开。

24日上午，中国免税品（集团）第十九次全国免税业务工作会议在博鳌水城召开，中免集团系统的300多名代表前来参加会议，这是博鳌金海岸温泉大酒店年终接待的较大的会议团。会议组织者说，之所以将全国会议放在博鳌召开，主要是因为博鳌亚洲论坛效应及这里良好的生态环境。

去年，博鳌亚洲论坛在博鳌正式成立，今年4月12日博鳌亚洲论坛首届年会在博鳌召开，博鳌知名度越来越高。而且目前博鳌已有336间（套）客房，各种软硬件设施达到了召开国际会议水平，于是这里便成了召开各种国内外会议的首选之地。

今年以来，尤其是首届年会后，博鳌金海岸温泉大酒店已接待了150多个国内外会议。这些会议主要由跨国公司以及金融、证券、制药等行业的大型企业召开，体现了由政府会议向商务会议转移的多元化发展趋势。

由于会议频繁，博鳌金海岸温泉大酒店几乎每隔两天就有1个会议召开，有时候甚至有3~4个会议同时召开。一汽大众在一年中已在博鳌连续召开了3次会议。国际知名的诺华制药公司在2年内召开了6次会议。由于会议众多，明年在博鳌金海岸温泉大酒店召开的会议，日期已排至明年5月份。

博鳌效应也带旺了万泉河边的官塘温泉休闲中心、银海国际度假中心等星级宾馆的生意。据不完全统计，今年以来，已有150多个会议在上述宾馆召开。

另据海南中远发展开发有限公司有关人士介绍，博鳌二期工程东屿岛项目工程完工后，将大大改善博鳌会议设施，明年将会迎来更多的国内外各类会议。

随着博鳌亚洲论坛的正式成立，博鳌知名度越来越高，再加上博鳌各种软硬件设施的改善，博鳌日益成为各种国内外会议的首选之地。据博鳌金海岸温泉大酒店市场销售部负责人介绍，国内外一些著名企业如西门子、诺华制药、三九制药等均将博鳌作为会议的首选之地。2002年以来，博鳌金海岸温泉大酒店已接待了150多个国内外会议。会展经济大大拉动了博鳌经济的发展。据统计，2002年以来，各种会议举办期间和黄金周假日期间，博鳌接待游客和与会人员约520万人次，各宾馆、酒店所接待的会议团队占接待游客总量的绝大部分，会议期间，酒店入住率高达90%以上，比平时提高30%。自从博鳌亚洲论坛落户海南，海南省的会展经济日益发展，逐步成为带动海南旅游业蓬勃发展的重要推动力之一，会展经济日益成为海南旅游业的重要组成部分。受博鳌亚洲论坛效应影响，数千个大小会议落户海南，中国（海口）冬季农副

产品交易会、三亚国际婚礼节、横渡琼州海峡、中国北部湾合作洽谈会等大型会展节庆活动在海南举行,各种年会、订货会、交流会、研讨会也纷纷在海南召开,仅 2002 年就有 300 多个国内外会议在琼海召开。2004 年,海南全年接待国内外大中型会议更在 5000 余个(参会人员在 60 人以上)、小型会务宛 7000 余个(参会人员在 60 人以下),会议内容涉及中外合资企业的代理商会议、企业组织的交流会、全国各系统(工业、农业)及协会的工作年会、科研机构研讨会、经销商会议、IT 企业年会、产品发布会、颁奖大会、度假奖励会议等。

可以说,博鳌论坛的成功不仅带旺了海南会展经济,而且拉动了整个海南经济的发展。

4. 多种优势因素的聚合促成了博鳌的成功

博鳌论坛的成功涉及多方面的因素,其中既包括地理、气候及经济环境等客观因素,也包括论坛定位、经营等主观因素,博鳌的成功是多方因素共同作用的结果。

1) 客观层面

会展业的强劲增长势头以及给举办地带来的诸多益处,使许多地区都希望通过会展业发展经济,带动地方经济增长。一些地方政府将会展业列为支柱产业,出台各种优惠政策,积极推动场馆设施建设,以期实现"会展兴市"的目标。事实上,会展业与其他产业一样,有自身的产业运行规律和条件限制,对举办地有着诸多硬性要求。也就是说,一个城市能否发展成为会展中心,需要具备一定的条件,其中优越的客观环境是必不可少的前提。博鳌以及海南优越的客观环境为博鳌亚洲论坛的成功,海南会展业的发展提供了前提条件。

(1) 独特的资源环境,良好的气候条件。城市本身是否拥有优越的资源气候环境,是决定其能否发展会展业的先决条件。一般会展城市都拥有良好的自然环境和文化氛围,或风景秀丽、气候宜人,或文化底蕴丰厚、人文气息浓郁,具有较强的可观赏性。这些会展城市在成为会展中心的同时,也是著名的旅游城市,如北京、上海和香港 3 地都具有会展中心和旅游城市的双重功能。这三座城市在旅游资源、气候环境等方面堪称我国的城市代表,本身具有较大的吸引力,加上其他硬件设施以及人才优势等要素,使其很容易培育会展品牌,进而成为会展中心。相比之下,博鳌并没有像北京、上海那样优越的人文环境和人才条件,但独特的旅游环境使"亚洲经济论坛"逐步成为世界知名的全球性论坛,独特的自然景观和旖旎的风光,最终使博鳌跻身世界著名会展中心之列。

特色资源是博鳌及海南发展会展产业的最大优势。博鳌位于琼海市东部,方圆 41.8km²,为万泉、九曲、龙滚三江汇合之处,是著名的万泉河入海口。三江交汇,使江、河、湖、海、温泉、沙滩、岛屿、丘陵等自然景观得以完整体现。集椰林、沙滩、奇石、温泉、田园等资源精华于一身的博鳌,被联合国环境规划署的专家赞叹为"世界上生态环境保持最好的淡水河入海口博鳌有着优越的自然条件,一流的生态环境和良好的气候条件,人居环境无可挑剔。这就是博鳌的特色资源,也是发展会展产业的最大优势。博鳌亚洲论坛的建立正是海南充分发挥其特色资源优势,在优越的自然条件上做文章，依靠特色资源聚集人才优势，以此克服文化底蕴和文化人才不足这个劣势，凸现海南会展产业的比较优势，打造海南会展产业核心竞争力的典型发展战略。

① 立足特色资源，打造优势会展项目。遵循"资源——项目——产业"的发展路子，博鳌利用优越的海洋、阳光、沙滩、民俗、风情、生态等一流的资源环境，结合亚洲及世界政治、经济一体化趋势，顺利成为"亚洲经济论坛"举办地，并结合旅游项目开发，积极打造优势会展品牌，实现环境优势与名牌效应的强势结合。

② 依托特色资源，拓展会展项目，发展会展产业。如前所述，在博鳌亚洲论坛效应带动下，众多年会、订货会、交流会、研讨会纷纷落户博鳌成海南的其他区域，项目内容涉及众多领域。博鳌以其良好的生态、人文、治安环境，日益吸引众多海内外会议组织者选址博鳌。

③ 诠释特色资源，深化品牌效应，突出会展文化。文化是一个地方自然、经济、社会的特质。海南这样一个热带岛屿，其地理、生态、民俗等，可以说潜藏着丰富而独特的文化资源。博鳌优越的文化资源在推动"亚洲论坛"迅速发展的同时，更深化了海南特色资源的影响力，实现会展与海南特色资源相融合，打造出海南"人居"、"度假"的独特会展文化，拓展了海南会展产业的发展空间。

（2）地理位置独特、交通便捷。会展是商品、资金、技术等物流和信息流的交换与集聚，涉及参展商品、客商以及观众的运送和传输，因此会展举办城市的地理位置和交通状况至关重要。在已有的会展城市中，绝大多数城市或地处港口，或濒临江海，或为交通枢纽，四通八达，地理位置优越，在所在国家或地区中处于中心地位。我国的主要会展城市除北京、上海、香港、大连等地理位置优越外，逐渐崛起的东北和中西部会展经济带的中心城市也以各自的省会城市为主，都在本地区处于中心地位，发挥着枢纽作用。在中国 1.8 万 km 大陆海岸线中，海南就占了 1600 多 km，近 1/10；在海南还有 84 个可开发的港湾，近海水深 200m 以内的大陆架有 6.65 万 km^2，海南背靠中国内地，近傍中国港澳地区，南望东南亚诸国，是中国通往亚太地区最便捷的省份，优越的地理位置和便捷的交通条件不言自明。

博鳌也不例外，博鳌镇位于琼海市东部，万泉河与南海交汇处。东临南海，南与万宁市交界，西与琼海市朝阳、上甬两乡相邻，北与潭门镇接壤，交通非常便利。此外，博鳌各种公共设施齐全，邮局、银行、商店、农贸市场、医院、汽车修理应有尽有，硬件设施齐备。正是优越的自然环境使曾经名不经传的南海小城，在 2001 年后成为中国最著名的小镇之一，它不仅从一大批同类城市中脱颖而出，更成为海南省的一张名片。良好的自然地理环境，保证博鳌成为"亚洲论坛"的常驻地；便利的交通、发达的通信、日臻完善的基础设施，则成就了博鳌驰名世界的会展中心之誉。

拥有优势产业，市场条件好，开放程度高。产业发展水平和市场规模是会展经济发展的基础，也是构成会展城市的两个要素。产业优势愈明显，品牌效应愈大，展会愈容易吸引参展企业和客户，从而赢得声誉，扩大影响。例如，东莞作为珠三角地区著名的制造业基地，具有良好的产业发展基础，举办相关产品展会具有较大影响，并很快发展为国际展会的举办地。同样，市场也很重要，市场规模决定了一个城市会展业的发达程度，浙江义乌拥有我国首屈一指的大市场——中国小商品市场，是我国重要的小商品集散地，产品辐射200多个国家。因此，"义乌小商品博览会"自然使义乌这座城市声名鹊起，并顺利晋升为国际性展会城市，成为我国区域性会展城市的典范。

海南作为中国最大的经济特区，是中国改革开放较早的地区和受益者。近几年海南的旅游业和内销农业发展非常迅速，国内经济的发展和假日经济的拉动也十分明显，第三产业逐步成为海南经济发展的重要推动力量。海南地处中国最南端，气候温和，四季如春，地理条件优越。此外，海南建省10年来，会议接待能力和旅游组织能力不论从硬件到软件，都有了较大的改善，海南逐渐成为国内会议的首选目的地之一。海南独一无二的政治、经济、自然条件为海南会展经济的发展和繁荣创造了条件。会展是经济发展到一定阶段后的产物，是现代经济体系的有机组成部分，会展产业的发展不仅受地理自然条件的影响，也受经济市场环境的制约。海南综合利用自然条件、市场开放程度等众多优势环境，最终将小小的博鳌推向了世界。

2）主观层面

博鳌亚洲论坛的成功，不仅源于海南独特的自然资源、优越的地理位置和开放的市场条件，也在于论坛的主办方对论坛品牌的成功经营和各级政府部门的全力支持。

（1）展会也要创品牌。博鳌亚洲论坛如果只举办一次，肯定谈不上有多大影响力，相反，由于论坛每年定期举办，并在举办中保证论坛的权威性，随着论坛影响力的扩大，论坛的品牌效应也就逐步得到凸现。展会有了自己的品牌，就能吸引参展商来参加，这既保证论坛能够一届一届地办下去，也能促进品牌优势的形成，最终保证展会的持续发展。

（2）针对"市场"需求办论坛。任何一个成功的会展项目都是根据展会市场需求确定的。展会市场既包括有参展需求的厂商，也包括有观展愿望的人群。虽然博鳌亚洲论坛不同于一般的展会，但论坛同样存在"市场需求"问题。这一"市场需求"就是亚洲乃至世界经济、政治一体化的发展趋势。亚洲经济、政治一体化的深入，使得亚洲各国相互间的交流和沟通更加迫切。博鳌论坛以亚洲区域一体化为根本目标，既顺应了亚洲经济发展的客观潮流，也为博鳌论坛的建立和发展提供了客观基础。

（3）突出"自然"的会展特色。博鳌在保持会展特质的同时降低了一些元素，即商业元素。曾经有记者专程赶往博鳌进行采访，发现坐车经过博鳌的街道时，总感觉缺少了点什么。后来才发现，原来缺少的正是其他大城市铺天盖地的广告牌。在博鳌的街头，很少看到广告牌，更多的是鲜花和椰子树，以及沿途的热带风光。难道是博鳌人的商业意识不足，没有意识到广告带来的丰厚利润吗？显然不是。其实，少量的广告牌，正是博鳌减少商业气氛的努力之一（图2-4所示为博鳌镇）。对于博鳌而言，她的主打牌是美丽的自然风光和宜人的气候，特别是安静的环境和原生态淳朴、自然的社会生活。这些正是吸引那些会议代表远离都市喧嚣的关键法宝。如果这些关键因素被铺天盖地的广告牌淹没，那么博鳌就失去了她吸引人的最初魅力。正是基于这样的考虑，博鳌在市政建设时，才有意控制和减少广告牌的数量，以此最大限度地维系博鳌的自然本色。这种看似不划算的减少，却给博鳌带来了更丰厚的长远利益，也使得博鳌能够区别于同类的会展和旅游性质的城市。

图 2-4 美丽的博鳌

（4）发挥政府综合职能。在促进会展经济的发展中，政府的主要作用是促进经济活跃和加强基础设施建设。为加强博鳌论坛及会展发展的物质保障，从政府到博鳌论坛主办方都积极追加投资，加强基础设施建设，以保证博鳌及海南会展业的发展。据海南省相关部门的负责人介绍，近年来，国家以国债和拨款等方式在博鳌的投入合计超过 2 亿元，加上银行、企业和社会等各方面的投资 15 亿元，博鳌的总投资已达 17 亿元。对博鳌的投资主要集中在基础设施建设方面，如海南东线高速公路博鳌出口，博鳌供水工程（热水），博鳌亚洲论坛永久会址东屿岛的护堤工程，博鳌电网改造工程等。在政府、银行、企业和社会各界的大力支持下，博鳌的基础设施建设取得了巨大成就。论坛在不到一年的时间里就完成了许多基础性、创建性的工作。基础设施的完善为博鳌亚洲论坛及海南会展业的快速发展铺平了道路。

（5）专业化的展会管理。随着会展产业专业化发展趋势的加强，专业展览公司越来越在会展项目营销中发挥主导作用。据业内人士分析，自 20 世纪 90 年代以来，会展业利润率在 20% 以上。这刺激了部分资金和人才加入专业展览公司行列。专业展览公司对会展项目的主导营销，推动了会展项目管理的专业化，促进了会展业的发展。为了保证博鳌亚洲论坛的科学、高效运作，论坛设立了严密的管理机构，由专业的展览机构——博鳌论坛秘书处负责论坛的日常业务和运行管理，最大限度保证了论坛运作的科学性、高效性。

5. 评析

博鳌亚洲论坛自 2001 年创办以来，经历了 6 年的发展历程，取得了显著的经济和社会效益。博鳌论坛能够取得巨大的成功，一方面在于明确自身的城市定位，避免与相邻或相近的城市出现同质化倾向，以及通过对城市会展发展与环境要素的梳理与整合，制定独特并具有前瞻性和可持续发展性的会展经营战略；另一方面，也得益于博鳌引进顶级会展的经营方式，实施"优质地产+顶级会展+名人效应"的会展营销模式。

博鳌虽然始终与经济论坛联系在一起，但是博鳌绝不仅仅只是一个"会展中心"，与传统的会展业相比，博鳌有自身特色的房地产服务，给参加会展的代表以更多的机会和设施;与传统的房地产业相比,博鳌有国际化的会展活动,让人能够接触更广阔、更前沿的知识;与传统的旅游业相比,博鳌带给人们的不仅是自然风光和人文景观,更有会展业带来的视野开阔、知识碰撞。博鳌是结合了传统会展业、房地产业、旅游业的一个有机体,由于其具有传统会展业、房地产业、旅游业的特质,并实现了三者的互补和结合,从而实现了"1+1大于2"的发展效应,开创了新型会展业发展的独特之路,为论坛继续发展提供了不竭的潜质和软实力。集会展业、房地产业、旅游业的特质为一体,既是博鳌论坛的特色所在,也是其成功之处的集中体现,正是有了这种结合,博鳌才能形成今日的影响力。

课后练习题

简答题

(1)博鳌亚洲论坛简介。
(2)博鳌亚洲论坛如何突出"自然"的会展特色?
(3)博鳌亚洲论坛有什么特色?

项 目 小 结

通过本项目的学习学生可以了解和掌握不同类型会议的策划内容,它包括会议策划流程,会议策划的基本要素,会议策划的技巧等。会议类型的不同,导致策划的基本要素就会有较大差异。在博鳌亚洲论坛这一案例的详细介绍中,学生可以学习到会议举办的亮点和灵魂。通过本项目的学习学生可以以团队为单位进行会议项目的开发和策划工作。

3

活动策划

项目描述

本项目主要学习 3 种活动策划的要点和策划技巧,并结合项目 1(展览会策划)和项目 2(会议策划)的策划流程,根据不同的展览和会议策划出相应的活动。

会 展 策 划

农民工剪彩 2004 中国住交会开幕式突出人文色彩

为了让更多的老百姓了解 CIHAF，中国住交会决定采用大众化的运作模式，如举办观念地产展，引起大家对城市建设、居住空间环境的反思；举办上海青少年建筑摄影大赛；出版中国住交会系列丛书等。

其中，2004 中国住交会的开幕式就让人们切身体会到了住交会的文化内涵，即此次 CIHAF 以 200 名农民工构成整个主题与背景。农民工们在众人的关注之下笑立开幕典礼台上，几百名记者手中的照相机快门咔嚓作响，闪光灯更是令人眼花缭乱。另外，组委会专门请了一位农民工代表与其他嘉宾一起为住交会开幕剪彩，如图 3-1 所示，在万众瞩目的"三名"（名人、名企、名盘）颁奖典礼上，为 2004 中国房地产年度贡献大奖得主任志强颁奖的嘉宾也是一位农民工，并请他代表全国的农民工兄弟们讲话。CIHAF 开幕式这些极富人文色彩的创意，拉近了与百姓之间的距离。

图 3-1　住交会开幕剪彩

任务 3.1　会展相关活动策划的作用与原则

学习目标

知识目标：了解在展会和会议中活动策划的作用和意义。

能力目标：根据展会和会议的特点及主题策划出适合的相关活动，明确其活动类型。

素质目标：树立学生做会展，做好会展的信心，并培养他们的创新意识。

3.1.1 举办展览会相关活动的作用

1. 丰富展览会信息

从本质上来说，会展是为信息交流而进行的传播活动。会展的最大特点在于信息的"集中"。从"会"的角度讲，会议的每一个参加者，既是本人信息的传播者，又是他人信息的接收者；从"展"的角度来说，展览是以展馆场所为媒介进行社会信息系统的运行；从目标受众的角度来说，观众参观展览会，大都是为了能在展览会中收集各种有用的信息。因而，展览会本身应该是信息的总汇。举办会展相关活动正是为了极大地丰富展览会的信息。

2. 强化展览会发布

专业展览会常常会有系列研讨会、讲座、产品发布会等活动，主讲单位一般都是行业内的领先者。由于展览会上行业人员聚集，信息传播很快，许多企业都选择展览会作为发布信息的场所。有些展览会专门组织产品发布会供企业选择。还有些展览会将新产品发布与表演、比赛等活动结合起来，以此来强化展览会的发布功能。

3. 扩展展览会展示

展览会的价值与展出目标主要是在展台上得以实现的。展台工作包括展览会开幕期间的展台接待、展台推销、贸易洽谈、情况记录、市场调研等。如果将筹展工作比作"搭台"，展台工作比作"唱戏"，那么，展览会的相关活动就好比"配乐、配器"。在展览会期间举办相关的活动如产品展示会、有关表演和比赛等能使企业和产品的形象更好地展现，给观众留下更加深刻的印象。

4. 延伸展览会贸易

在大多数交易会、展览会和贸易洽谈会上都能签署一定金额的购销合同，以及投资、转让和合资意向书。据统计，法国博览会和其他专业展览会每年展商的交易额高达 1500 亿法郎。在 99 深圳高交会上，成交项目 1459 个，成交金额 6494 亿美元。因此可以说，展览会是一个重要的贸易平台。举办会展相关活动能够延伸展览会贸易的这种功能。例如，产品订货会、产品推介会、项目招标活动等都可以使展览会取得良好的效果。

5. 活跃展览会现场气氛

举办富有观赏性和趣味性的相关活动能极大地调动现场观众的积极性。在设计相关活动时，策划者应当选取参与性强、互动效果好的项目，这样不仅能给观众留下深刻的印象，而且可以使展览会现场气氛活跃，为参展企业创造良好的现场气氛。

3.1.2 举办会展相关活动的原则

策划展览会的相关活动是为展览会服务的。所以，举办展览会活动的原则应该是"锦上添花"而不应当是"画蛇添足"。一般说来，举办展览会的相关活动应遵循的原则有以下3条。

1. 要切合展览会的主题

举办展览会的相关活动一定要与展览会的主题相得益彰。展览会相关活动的策划不能漫无边际、空穴来风，如果举办的相关活动与展览会主题不相干，活动的形式脱离展览会的实际，那么，相关活动不仅与展览会脱节，而且还会扰乱展览会的现场秩序，甚至造成一些安全上的隐患。

2. 有助于吸引目标受众

策划得当、组织完善、丰富多彩的展览会相关活动对展览会观众有很大的吸引力。能吸引目标受众是举办展览会相关活动的重要原则。

展览会不能没有一定数量的参展企业和观众，有一定数量与质量的企业参展是展览会赖以存在的基础，而有一定数量与质量的观众参观则是展览会赖以发展的根本。举办展览会的相关活动一定要充分考虑到目标受众的因素。

3. 有助于提高展览会效果

企业参展的目标是多种多样的，取得经济效益也好，社会效益也好，不论参展商抱着怎样的目标，总是希望能够达到预期的目的，获得良好的展览效果。展览会相关活动的策划要组织有力，秩序井然，要为人们所喜闻乐见，为获取展览会总体效果服务。

如果把展览会比作一个大舞台的话，那么，展览会所举办的相关活动都可以看做是展览会大舞台上的道具，道具的设置一定是剧情发展所需要的，如果可有可无，那最好是不要安排该道具登台亮相。

课后练习题

简答题

（1）简述举办展览会相关活动的作用。
（2）简述举办展览会相关活动的原则。
（3）为什么说好的会展活动能助于吸引目标受众。
（4）为什么会展活动的策划要切合展览会的主题？
（5）为什么合适的会展能丰富展览会信息？

任务3.2　会展相关活动的种类与策划

学习目标

知识目标：了解会展相关活动的种类。明确不同活动的策划要素和技巧。

能力目标：运用展会和会议的主题和特点有创造性的策划出合理类型的展会活动，使之成为会展活动的亮点。

素质目标：培养学生的职业敏感性，培养他们的团队合作意识。

3.2.1　开/闭幕式及开/闭幕酒会

1）开/闭幕式

开/闭幕式是展览会正式开始和结束的标志，展览会的规模和实力的良好机会，因而必须受到重视，不能有任何差错。闭幕式的策划与开幕式的策划基本一致，现以开幕式为例加以说明。图3-2所示为开幕式。

图3-2　第8届中国东莞国际电脑资讯产品博览会开幕式

（1）展览会开幕式的基本程序。展览会开幕式的基本程序：嘉宾在休息室集中；礼仪小姐引领嘉宾到主席台就座；主持人主持开幕式；介绍到会的各位嘉宾；有关领导或嘉宾代表讲话；进行剪彩或开幕表演活动；重要领导或嘉宾宣布展览会正式开幕；主持人宣布展览会开幕式结束；负责人和工作人员引领嘉宾进展场参观。

（2）展览会开幕式的策划。展览会开幕式的策划要点见表3-1。

表3-1　展览会开幕式的策划要点

主题	开幕式应该紧扣展览会的定位，围绕一个鲜明的主题来展开。开幕式的所有活动都是为了突出展览会的主题
时间	应遵循"三不宜"原则，即不宜过早、不宜过晚、持续时间不宜过长。通常展览会都将开幕式的时间定在上午9点左右
地点	一般选择在场馆前的广场上举行，舞台往往需要临时搭建

续表

程序	制定一个清晰而简洁的开幕式程序
出席嘉宾	一般邀请行业主管部门的领导、行业协会的主管人员、外国驻华机构代表和专家及其相关人士作为嘉宾出席开幕式。对于所有应邀嘉宾,应该提前沟通并确认,落实好接待人员、翻译人员、礼仪人员以及嘉宾在开幕式主席台上的位置等事宜
讲话稿和新闻通稿	必须认真准备领导的讲话稿和新闻通稿。领导的讲话稿和新闻通稿在核心内容上大同小异,两者都会说明本届展览会的亮点、创新之处以及对整个行业发展重要意义,但相比而言,前者更要口语化,而且可以带有个人的感情色彩;后者则会对展览会进行全面的介绍,可为新闻记者提供一些背景资料
应急预案	充分考虑天气状况,可求助当地气象部门预测当天的天气状况。如果恰逢炎热天气或雨天,应提前通知嘉宾、媒体记者等做好相应准备,对出现意料之外的情况,要预先策划好,保证开幕式的圆满成功

(3) 展览会开幕式创新策划技巧。一个设计巧妙的开幕式能给主管领导、参展商和专业观众耳目一新的感觉。展览会的开幕式应该不断创新,开幕式创新的渠道很多,既可以是形式上的,也可以是内容上的,甚至是文化上的。概括而言,展览会开幕式创新设计的常用渠道有:

① 名人效应。尽管现代展览业已发展到今天的水平,但邀请名人出席开幕式仍旧不失为一种很好的方式。这种通过政府或行业VIP的影响力来提高自身展览会受关注度的方法不愧为一种高明的营销手段(如图3-3所示),无论是从吸引参展商或专业观众的角度出发还是从争取更多媒体报道的角度出发,相信都能给人不错的"第一印象"。

图3-3 拥有超高人气的范冰冰走红地毯

② 制造新闻事件。由于出席嘉宾层次较高、潜在新闻集中且信息量大等原因,开幕式往往会受到众多媒体记者的关注。因此,主办单位应该充分利用这个机会适当制造一些事件,以吸引媒体注意,大力宣传展览会的形象。例如,在第六届中国住交会

3 活动策划

（CIHAF）上，主办单位邀请农民工作为开幕式的剪彩嘉宾和颁奖晚的颁奖嘉宾，引起了媒体的广泛关注和积极报道。对此，有专家这样评价：长期以来，广大农民工为城市建设作出了巨大贡献，但他们的社会地位很低，CIHAF组委会邀请农民工参加开幕式和颁奖晚会，不仅向社会发出了倡导尊重农民工的呼声，也增添了展览会的人文色彩。

> ■ **经典案例**
>
> ### 2013江苏卫视春晚收视第一，赵本山小品镇住"鸟叔"
>
> "新白娘子"20年后重聚、F4花样美男再合体、赵本山小品收山之作……一个接一个的包袱让2013年江苏卫视春晚在大年初一晚上抢足风头。据昨日公布的索福瑞CSM45城市收视率数据显示，江苏卫视春晚当晚的收视率高达3.982%，排名所有省级卫视春晚第一名，领先第二名39%，较去年江苏春晚也上涨近五成。
>
> 继跨年之后，春节时段成为各家卫视竞争的第二阵地。据记者不完全统计，今年春节，有超过15家的卫视台举办了蛇年春晚，而大年初一则成为大家最集中的竞争地，江苏、东方、北京、天津、广西和黑龙江等多家卫视选在这一天拉开春晚收视战。随着16日收视率出炉，江苏春晚在众多卫视中脱颖而出，3.982%的平均收视率既在大年初一的"春晚收视小联赛"中，击败坐拥"鸟叔"PSY的东方卫视春晚，又荣登整个春节时段卫视春晚收视率第一宝座。
>
> 江苏卫视
>
> 平均3.982% 峰值5.52%
>
> 本山"封山小品"收视最高
>
> 今年，江苏春晚劲打催泪牌，赵雅芝、叶童、陈美琪3人重聚是开胃小菜，已经激发很多人的泪点；F4的亮相则让这股怀旧风达到高潮（如图3-5所示），成为当晚江苏和东方两台晚会PK的大杀器；而最关键的还是赵本山借江苏春晚退隐小品舞台（如图3-4所示），从最终的收视曲线来看，本山大叔的封山之作赢得了最多观众的关注，当晚22:51，达到收视峰值的5.52%。
>
>
>
> 图3-4 赵本山小品

图 3-5　利用 F4 全体制造新闻事件

分析提示：本案例分别利用名人效应和制造新闻事件的方法吸引众人的注意力，达到了预期的效果。

■ **案例分析**

广西桂林恭城桃花节的名人效应

每年三月，桃花盛开的广西桂林恭城县都要举行一年一度的桃花节。桃花节期间，村民们载歌载舞，以舞会友，以花传情。"赏恭城桃花，住生态家园，吃绿色食品，做快活神仙。"广西桂林恭城县是游客踏青观花、领略春的浓烈气息的绝佳去处。

历届广西桂林恭城桃花节的开幕式，通过邀请中央电视台著名主持人周涛和宋祖英、孙楠、潘长江、"雪莲三姐妹"以及宁林、宁峰等明星大腕和知名艺术家等名人临场献艺，已把桃花节打造成为岭南一带较具影响的春季旅游品牌。可以说，广西桂林恭城桃花节组委会成功运用名人效应、制造新闻事件等技巧进行了开幕式策划。

2）开/闭幕酒会

有时候，展览会主办单位还会在开/闭幕当天举行欢迎晚宴或酒会，以答谢主要参展商和相关人士。开/闭幕酒会是展览会的一项重要公关活动，可以很好地促进展览会与参展商、行业领导和其他有关各方面的关系。闭幕酒会是宣告展览会成功举办和顺利结束，可参照开幕酒会的程序进行。现以开幕酒会为例加以说明。

在展览会开幕的当天中午或晚上，办展机构一般会为展览会举行开幕酒会，办展机构要事先安排好酒会举办的地点和时间、酒会举办的方式、出席酒会的人员范围、酒会的标准等。

3 活动策划

一般来说，出席酒会的人员包括出席开幕式的领导和嘉宾、办展机构的领导和代表、行业协会和商会的领导、参展商代表、行业主管部门官员、新闻媒体、工商管理部门的代表、有关外国驻华机构代表等。展览会组委会事先通知他们有关酒会的情况，并对他们发出正式邀请，派专人跟踪落实他们的到会情况。

酒会的标准可以按展览会的总预算中对酒会的预算来具体安排，并根据该预算做好酒会的详细预算。酒会最好安排在离展馆不远的酒店里举行。组委会应根据展览会的实际条件选择酒店的档次，要考虑酒店的接待能力、便利程度及安全问题。开幕酒会的方式可以采用自助餐的形式也可以采用围餐的形式。开幕酒会可以由展览会主办单位领导致简短欢迎词，并安排其他有关领导发表简短讲话。

■ 经典案例

王毅在第五届津台投洽会开幕酒会上的致辞（全文）

2012年7月4日晚，第五届津台投资合作洽谈会在天津开幕，中共中央台办、国务院台办主任王毅出席开幕酒会并致辞。

尊敬的张高丽书记，蒋孝严副主席，郑万通副主席，各位来宾，各位朋友：

大家晚上好！很高兴又与各位相聚在美丽的海河之滨。首先，我谨代表中共中央台办、国务院台办，对第五届津台投资合作洽谈会的开幕表示热烈祝贺，对各位嘉宾特别是来自台湾的新老朋友致以诚挚的问候！

津台投洽会已连续举办五届了。5年来，我们透过投洽会这个窗口，共同目睹了天津日新月异的发展成就；通过投洽会这个平台，共同亲历了津台合作突飞猛进的可喜进展。在张高丽书记以及天津市委、市政府的领导下，天津这几年牢牢把握环渤海地区经济腾飞的重要机遇，把握两岸关系和平发展的重要机遇，把握台商在大陆转型升级、西移北上的重要机遇，依托滨海新区开发开放先行先试的政策优势，不断探索津台合作的新思路、新举措，出台了一系列行之有效的惠台措施，为台商投资营造了务实高效的政务环境、聚集配套的产业环境、稳定可靠的法制环境、和谐便利的生活环境，推动津台经贸交流合作在高端制造业、房地产业、金融服务业等领域取得了一系列新突破和新进展。目前，津台经贸合作已经初具规模，日益蓬勃发展，并且呈现出后发优势足、合作起点高、项目品质好的良好态势，构建了两岸互利合作的一个新平台，发展为大陆北方省市对台交流的一个新的亮点。展望未来，随着大陆加快调整经济发展方式，随着天津及环渤海地区经济继续快速发展，在张高丽书记等的领导下，有黄市长刚宣布的政策措施，我相信，一定会有越来越多的台商朋友把天津作为投资兴业的首选，一定会有越来越多的台湾同胞把天津作为施展才华的热土，津台各领域交流合作的前景必将越来越宽广。

会展策划

各位朋友：

今年是两岸关系继往开来的重要一年。年初以来，两岸关系经受了严峻考验，保持了和平发展的良好势头。实践证明，我们发展两岸关系的各项方针政策，顺应两岸同胞的共同意愿，符合中华民族的整体利益，累积了两岸融合的有利条件，推进了民族复兴的历史进程。同时也要看到，随着两岸交流不断扩大、各领域合作日趋深入，两岸之间难免会碰到这样那样的新问题和新挑战，一些固有的分歧和矛盾也会在和平发展进程中时有显现。面临新的前景，站在新的起点，我愿向台湾同胞们讲三句话：

第一，推进两岸关系和平发展是大陆方面的既定政策，既符合中央确定的对台工作大政方针，也符合两岸关系的客观规律和实际需要。两岸关系和平发展的新局面时间还不长，潜力还很大，我们将保持对台方针政策的连续性和稳定性，坚持迄今行之有效的方法和思路，愿与所有支持两岸关系和平发展的台湾各界朋友一起，以实际行动，不断巩固和深化两岸关系和平发展的政治、经济、文化和社会基础。

第二，以人为本、为民谋利是中国共产党的执政理念，也是我们与台湾同胞接触交往中始终坚持的根本宗旨。两岸同胞是一家人，我们愿意继续本着同胞之情，努力为台湾民众尤其是基层民众多办实事、多办好事。不仅要让更多的台湾同胞从两岸关系改善发展中获益，更要促使更多的台湾同胞自觉主动地参与到两岸关系和平发展，两岸各界大交流的历史潮流中来。

第三，两岸关系今天的良好局面得来不易，双方应当共同珍惜和维护。两岸关系的和平发展已是人心所向，大势所趋，但这一进程也不会一帆风顺，波澜不惊。这就需要我们保持良性互动，彼此相向而行，不断增加两岸关系中的积极因素来抑制某些消极动向，不断积累双方之间的共识来逐步化解固有分歧，不断扩大两岸同胞的共同利益来提供持久的前进动力。

最后，祝第五届津台投资合作洽谈会取得圆满成功。祝各位来宾和朋友身体健康，工作顺利。

谢谢大家！

3.2.2 论坛、专业研讨会、行业峰会和技术交流会

为提升展览会的层次和水平，许多展览会都在展出期间举办展览会涉及产业的论坛、专业研讨会、行业峰会或技术交流会。无论是产业高峰论坛，还是专业研讨会或技术交流会等，这些活动的功能相差都不大，主要体现在下列5个方面。

拓展展览会功能；丰富展览内容；协助招商、招展；指导行业发展；促进交流合作。另外，它们的策划过程、组织形式都有相似的地方。现以论坛为例加以说明。

1）策划与组织程序

（1）成立论坛组织委员会。主办单位首先需要指定专门的工作小组来负责论坛的

筹备工作。一些高级别论坛的组织框架通常由指导委员会、组织委员会和顾问委员会3部分构成。从论坛的组织框架就可以看出论坛级别的高低，以及是否具有行业的权威性。例如，中国会展经济国际合作论坛是我国会展业到目前为止最高级别的论坛，其组织架构可以说包括了国内外会展业的权威机构。

（2）市场调查。工作小组成立后，第一项工作便是进行详细的市场调查，调查的主要内容包括产业发展的热点问题，近期举办的同类展览会的论坛议题、收费标准和效果、潜在目标听众的评价和建议。调查的方法主要有直接邮寄、室内研究，以及通过 E-mail 或互联网（展览会的主题网站）调查等。

（3）明确主题。主题是论坛的灵魂，一个鲜明的主题可能对潜在听众尤其是目标专业观众具有强大的吸引力。对于展览会而言，成功的论坛主题必须符合以下标准：围绕展览会题材，紧扣展览会主题；能抓住行业发展的热点和难点问题，有现实性；能面向目标听众（主要指参展商和专业观众），有针对性；能反映行业发展的现状与趋势，有一定的前瞻性；对与会者来说是难得的教育和交流机会，有实用性。

通常会依据市场调查结果来具体确定展览会论坛的主题。同时应该积极征询相关科研机构和院校专家的意见及建议，这是论坛成功的关键。

【知识链接】

财富全球论坛的主题

2005 财富全球论坛标志

《财富》全球论坛由美国时代华纳集团所属的《财富》杂志1995年创办，每16~18个月在世界上选一个具有吸引力的"热门"地点举行一次，邀请全球跨国公司的主席、总裁、首席执行官、世界知名的政治家、政府官员和经济学者参加，共同探讨全球经济所面临的问题。迄今为止（2012年），《财富》全球论坛《财富》杂志已分别在新加坡、西班牙巴塞罗那、泰国曼谷、匈牙利布达佩斯、中国上海、法国巴黎、中国香港、美国华盛顿、中国北京、印度新德里、南非开普敦举行了11次年会。由于总能敏锐地察觉到世界经济的脉搏，《财富》全球论坛被视为"把握世界经济走向最清晰和最直接的窗口"，迄今为止已举办11届，与《财富》全球500强排行榜并称为《财富》杂志的两张超级"名片"，如图3-6所示。

图 3-6 财富全球论坛标志

会展策划

历届主题

第一届《财富》全球论坛：1995年3月8日至10日，新加坡，主题为"同一个商业世界"。

第二届《财富》全球论坛：1996年3月5日至7日，西班牙巴塞罗那，主题为"全球竞争新秩序"。

第三届《财富》全球论坛：1997年3月24日至26日，泰国曼谷，主题为"保持奇迹"。

第四届《财富》全球论坛：1998年9月23日至25日，匈牙利布达佩斯，主题为"在新的全球经济中创造财富"。

第五届《财富》全球论坛：1999年9月27日至29日，中国上海，主题为"中国：未来的50年"。

第六届《财富》全球论坛：2000年6月14日至16日，法国巴黎，主题为"电子——欧洲"。

第七届《财富》全球论坛：2001年5月8日至10日，中国香港，主题为"亚洲新貌"。

第八届《财富》全球论坛：2002年于11月11日至13日，美国华盛顿，主题为"领袖的力量——应对新的形势"。

第九届《财富》全球论坛：2005年5月16日至18日，中国北京，主题为"中国和新的亚洲世纪"。

第十届《财富》全球论坛：2007年10月29日至31日，印度新德里，主题为"操控全球经济"。

第十一届《财富》全球论坛：2010年6月26日至28日，南非开普敦，主题为"新的全球机遇"。

第十二届《财富》全球论坛：2013年6月6日至8日，中国成都，主题为"中国的新未来"。

（4）策划具体议题。主题一旦确定，接下来的工作便是设计具体的议题。策划具体议题的基本依据是论坛的结构和目标听众的需求。每一个具体的议题都应该具有明确的目标，而不是为了凑内容；多个务实而富有吸引力的子议题，才能共同支撑论坛的主题。另外，在策划具体的议题时，还应适当考虑未来邀请演讲嘉宾的可操作性。

2）论坛嘉宾的邀请

邀请合适的嘉宾出席论坛或在论坛上演讲对论坛的成功举办至关重要，从某种程度上决定着论坛的层次和水平，也可以由此判断该论坛的权威性和影响力。通常情况下，对国外的演讲嘉宾至少要提前6个月发出邀请，而对国内的演讲嘉宾至少要提前2~3个月发出邀请，并要协助演讲嘉宾做好相应的准备工作。对于重要的演讲嘉宾，还应做专门的接待计划，如预订机票、安排演讲人及其随从人员的住宿等。对于演讲嘉宾的接待工作，一定要落到实处。

3 活动策划

新知识

成都财富全球论坛开幕，600多位嘉宾汇聚成都

今天，2013年6月6日，2013成都财富全球论坛将在成都盛大启幕。在为期3天的"财富"时间，来自全球各地的600多位政商领袖将汇聚成都，围绕"中国的新未来"这一主题，聚焦中国西部地区的发展以及中国在全球视野中所扮演的角色。

作为承办城市，目前，成都各项筹备工作已经准备就绪。东道主正张开双臂迎接五洲宾朋，努力向全球呈现一届具有四川特色、中国气派和世界水准的精彩财经盛会。600多位嘉宾确认来蓉参会。据了解，本届论坛吸引了众多来自世界顶尖企业的领导人，规模已经超越往届。截至目前，接受邀请并确认参会的嘉宾有600多位，其中参会企业250多家，包括世界500强企业100多家。

记者在2013成都财富全球论坛官方网站上看到，目前已经确认出席的嘉宾阵容可谓"含金量"十足，其中包括：博柏利集团首席执行官安吉拉·阿伦茨，麦肯锡公司全球总裁鲍达民，通用电气公司董事长兼首席执行官杰夫·伊梅尔特，时代华纳董事长兼首席执行官杰夫·比克斯，诺基亚公司总裁兼首席执行官斯蒂芬·埃洛普，英特尔总裁蕾妮·詹姆斯。可口可乐公司董事长兼首席执行官穆泰康，新希望集团董事长刘永好，浙江吉利控股集团董事长李书福等。

资料来源：四川新闻网—成都日报。

案例分析

主讲嘉宾在哪里

某教育项目工作组在英格兰的中西部组织了一次为期一天的国家级会议，某发言人被提前邀请在会议上发表重要讲话。该项目工作组的基地远在英格兰的偏远一隅，他们将在会议开始前一天的晚上住进伯明翰的某个廉价连锁旅馆，以稍做休整。因此，发言人同意与他们在那个旅馆见面。那天晚上，那个发言人很晚才到达伯明翰。他上了出租车，请司机载他到那个旅馆，但到那儿以后却发现旅馆已经满员了。他不知道怎么办好，只好在另一家位于马路对面、价格相对贵得多的旅馆住下来。他知道会议将在该市最大的大学内召开，但是那儿有很多会场，他真不知道该在哪个会场发言。

第二天,他从八点开始就给联系人打电话(主要发言将在十点开始)。当然,所有的相关人员都已经离开各自的"基地",赶去参加会议了,而"后方基地"没人能给他丝毫的建议。他给那所大学的办公室打电话,但是他们所预订的会议中没有与他要找的会议相符的。在他乘出租车四处转悠的时候,办公室的人四处为他打电话咨询,最后终于找到了会议举办的地点。

据说项目工作组的人以为专业团体的人已经给这位发言人寄发了相关通知,而对方也是这样想的。事实上,谁都没有采取行动,谁都没想到该给他打个电话,去核实一下他是否真的已经在指定时间到达了指定地点。他们知道他会在会前的那天晚上晚些到达,但是谁都没有为此操心,甚至当他并没有出现在远郊的连锁旅馆与他们一起共进早餐时,他们也没有在意。

资料来源:[英]罗宾森,等. 会议与活动策划专家. 沈志强,等译. 北京:中国水利水电出版社,2004.

分析提示:邀请合适嘉宾出席会议或在会议上演讲必须落到实处,细节决定成败。

3)论坛的日程安排

论坛的日程安排主要包括时间、地点、主题或议题、主讲人姓名、主讲人职务及演讲的题目等。对时间安排要具体到几点几分。总体来看,论坛的时间安排不宜过长,一般以1~2天为宜,具体的时间要依论坛内容的多少而定。

4)论坛的宣传推广与赞助

(1)论坛的宣传推广。论坛的宣传推广是论坛组织工作必不可少的一部分,其主要目的是招揽听众,增加论坛和展览会的影响力。宣传的主要方式有在报刊上刊发消息或广告、通过电话或传真推广、直接邮寄资料和通过网络推广等。宣传资料的内容主要包括论坛的时间、地点、主题,演讲嘉宾的基本情况简要介绍,参会人员需要交纳的费用和需要办理的手续以及举办机构的联络方法等。展览会期间论坛的宣传推广计划也是展览会整体宣传推广计划的一部分,往往和展览会招商招展融合在一起进行宣传。

(2)论坛的赞助。高水平的论坛不仅会给展览会增加新亮点,增强展览会的影响力和权威性,还会给组织机构创造可观的经济收入。论坛的经济收入来源主要有两个方面,一个是门票收入;另一个就是冠名权赞助。冠名权赞助又分独家冠名权赞助和多家冠名权赞助,独家冠名权赞助具有排他性,不允许有第二家赞助单位出现;而多家冠名权赞助则可以有多家单位赞助,一般按双方达成协议日期的先后顺序来排序。赞助的方式可以是提供资金,或者提供会谈场地与设备,也可以是提供与会人员的礼品、午餐或晚宴等。具体的赞助方式和赞助数量的多少主要以组织机构与赞助商相互协商而定。

【知识链接】

某论坛赞助方案

主论坛会场主赞助商：赞助费，¥800000；名额：1名

（1）赞助商在本届论坛年会以协办方身份出现。

（2）开幕式：赞助商主席台就座，大会主题发言，1个名额，时间10分钟。

（3）赞助商主论坛发言和分论坛专题技术报告，共2个名额，时间30分钟。

（4）主论坛会场、分论坛会场背景幕布印刷赞助公司LOGO及协办方字样。

（5）大会会刊封二整版彩色广告（16开）和中心插页整版彩色广告（8开）。

（6）大会会刊主题文章或专题技术报告6篇。

（7）本届论坛年会专题网站列入重点报道计划。

（8）本届论坛年会专题网站上推出一期嘉宾访谈节目，2个名额，时间60分钟。

（9）本届论坛年会专题网站开辟冠名专栏，发布主题文章或专题技术报告8篇。

（10）国际在线网站专访文章2篇（1500字左右）、相关新闻6篇（800字左右）。

（11）主论坛会场摆放易拉宝竖幅广告12个。

（12）大会代表证胸牌广告，印刷赞助商公司LOGO。

（13）免费提供 $2\times 6m^2$ 展位1个，可在代表手提袋中发放宣传资料、礼品。

（14）开幕式当天欢迎晚宴主桌就座，1个名额。

（15）免费提供6个会议代表名额。

分论坛会场主赞助商：赞助费，¥400000；名额：4名

（1）赞助商在本届论坛年会以协办方身份出现。

（2）赞助商分论坛专题技术报告，1个名额，优先次序，时间30分钟。

（3）主论坛会场、分论坛会场背景幕布印刷赞助公司LOGO及协办方字样。

（4）大会会刊封三或封底整版彩色广告（16开）。

（5）大会会刊主题文章或专题技术报告4篇。

（6）本届论坛年会专题网站列入重点报道计划。

（7）本届论坛年会专题网站上推出一期嘉宾访谈节目，2个名额，时间60分钟。

（8）本届论坛年会专题网站开辟冠名专栏，发布主题文章或专题技术报告6篇。

（9）国际在线网站专访文章1篇（1500字左右）、相关新闻4篇（800字左右）。

（10）分论坛会场摆放易拉宝竖幅广告8个。

（11）免费提供 $2\times 3m^2$ 展位1个，可在代表手提袋中发放宣传资料、礼品。

（12）开幕式当天欢迎晚宴次主桌就座，1个名额。

（13）免费提供4个会议代表名额。

续表

分论坛会场特别赞助商：赞助费，¥100000；名额：8名

（1）赞助商分论坛专题技术报告，1个名额，次序可选，时间20分钟。

（2）主论坛会场、分论坛会场背景幕布印刷赞助商公司LOGO及协办方字样。

（3）大会会刊插页整版彩页广告（16开）1页。

（4）大会会刊主题文章或专题技术报告2篇。

（5）本届论坛年会专题网站发布主题文章或专题技术报告4篇。

（6）分论坛会场摆放易拉宝竖幅广告4个。

（7）免费提供 $2\times3m^2$ 展位1个。

（8）免费提供2个会议代表名额。

分论坛会场一般赞助商：赞助费，¥50000；名额：不限

（1）大会会刊插页半版彩页广告（16开）。

（2）大会会刊主题文章或专题技术报告1篇。

（3）本届论坛年会专题网站发布主题文章或专题技术报告2篇。

（4）免费提供 $2\times3m^2$ 展位1个。

（5）免费提供2个会议代表名额。

【分论坛专题技术报告收费标准】

时间/分钟	30	20	10
费用/元	25000	20000	10000

【展位收费标准】

面积/m^2	3×6	3×3
费用/元	30000	20000

【会议费用】

住房标准	会议费、食宿费	说　明
套房	5000元人民币/人	含会议注册费、资料费、及会议期间的宴会、工作餐、交通费、礼品等费用
单人间	3500元人民币/人	
双人间	3000元人民币/人	

5) 论坛的现场管理与会后工作

论坛现场管理的管理工作主要包括会场布置；设备安装、调试；现场注册；现场协调与服务等。参与现场管理的工作人员要有强烈的责任心和时间观念，并且要有较强的组织与协调能力，对自己的工作要认真负责，耐心倾听与会人员提出的意见和建议，及时帮助与会人员解决他们遇到的问题，这样才能保证论坛的顺利进行。

论坛结束后，工作人员首先要及时进行现场和会后跟踪调查，尽可能多地收集与会人员对论坛的各种意见与建议，为把下一届论坛办得更好和提高服务质量提供依据。其次，论坛结束后要及时以适当的形式来感谢演讲嘉宾和与会者，以加深论坛组织者与演讲嘉宾和与会人员之间的情感，为下一届论坛的组织工作打下一个良好的基础。最后，就是论坛组织机构内部也要认真全面地进行总结，总结出做得好的方面的同时，也要总结出不足之处，以便把下一届论坛做得更好，更具影响力。

【知识链接】

第七届中国国际电子商务大会金字系列工程高层论坛议程

第七届中国国际电子商务大会组委会将于2003年9月13日组织举办金字系列工程高层论坛，论坛议程见表3-2。

表3-2 金字系列工程高层论坛议程表

时间	演讲主题	主讲人
8:55—9:00	主持人介绍论坛来宾及论坛议程	施雨农：中国电子商务协会电子政务专业委员会主任
9:00—9:15	主要领导致辞	宋玲：中国电子商务协会理事长 陈小筑：国家信息化办公室推广应用组组长
9:15—9:45	金税工程	余东：国家税务总局信息中心副主任
10:25—10:55	金关工程	曾燕珲：中国电子口岸数据中心
11:00—11:30	金财工程	彭艳祥：国家财政部信息中心副主任
11:35—12:05	金民工程	待定：国家民政部
13:20—13:50	金盾工程	马晓东：国家公安部信息通信局总工程师
13:55—14:25	金保工程	王东岩：国家劳动和社会保障部信息中心主任
14:30—15:00	金水工程	蔡阳：国家水利部水利信息中心副主任
15:40—16:10	石龙镇电子政务实施案例	洗周恩：广东省石龙镇镇长
16:15	讲坛总结	宋玲：中国电子商务协会理事长

资料来源：it.sohu.com。

3.2.3 产品发布会和产品推介会

产品发布会和产品推介会也是展览会期间较为常见的两种相关活动。产品发布会和产品推介会对产品的信息发布和贸易功能都很强。产品发布会和产品推介会的主办者可以是参展企业，可以是行业协会，也可以是办展机构。

产品发布会有时也被称为产品推介会，这是参展企业将自己的产品投放市场经常采用的一种产品推广活动。由于展览会的特殊作用，许多参展企业都会在展览会展出现场组织这一活动，以提高自己产品的知名度。

1）产品发布会的一般流程

事实上，在实际操作中，产品发布会的策划和组织几乎都是由主办单位或行业协会和参展商共同完成的。其中，主办单位主要负责整个发布会的框架设计和现场服务，实施方案则由发布产品的企业策划和执行。概括而言，从展览会主办单位的角度来讲，组织产品发布会可大致分为以下5个步骤。

（1）产品发布会主题的选择。产品发布会的听众主要包括技术人员、经销商和新闻媒体等，以传达最新的产品信息和技术为目的。因此，在策划产品发布会时，主办单位首先需要与行业内研发能力强的企业及相关科研机构沟通，了解本行业类似产品的发展动态和客户对产品发布会的需求与设想，确定一个鲜明的核心主题。展览会上所有场次的发布会者都必须围绕核心主题来展开。核心主题确定以后，接下来的工作便是确定细分主题，所有细分主题的最终表现就是不同类型的最新产品。

（2）设计产品发布会的框架。产品发布会的框架应根据既定的细分主题进行设计。设计产品发布会的框架还包括制订媒体邀请计划、观众组织计划、现场执行计划等重要内容。其中，在现场执行计划中，对不同目标企业的发布会的统筹安排至关重要。

（3）"销售"产品发布会。制定好整个产品发布会的设计方案后，主办单位就可以向相关企业尤其是本届展览会的目标参展商"销售"了。一般来说，"销售"的主要对象是该行业内倡导技术创新、注重产品升级的大企业。在具体操作时，主办单位可以将产品发布会的"销售"与招展工作结合起来，并可根据实际情况对既定方案进行灵活调整。

（4）召开产品发布会。在实际操作中，在展览会期间举办的绝大部分产品发布会都是由展览会组织者和产品发布者共同完成的，并且产品发布者承担着主要工作，展览会组织机构根据其要求完成各项工作。主办单位所扮演的角色主要是进行现场协调和提供现场服务，处在配合与协助的地位，主要负责发布会场地的租赁与布置、设备的租赁与调试、现场的管理等，还包括时间的控制、企业出场顺序的安排和提供咨询服务等。在通常情况下，关于发布会的发布内容和形式由产品发布单位负责，关于发布会听众的组织则常常由双方共同来完成。

3 活动策划

【知识链接】

iPhone 5 发布会流程

（1）媒体入场。
（2）舞台上有苹果的标志。
（3）CEO 上台。
（4）CEO 向媒体问候："Good morning!"
（5）公布 Apple store 消息、新地区的 Apple 商店开幕、全世界营运状况。
（6）放一段影片。
（7）介绍新品（如图 3-7 所示）。
（8）现场示范。
（9）公布价格。
（10）结束。

图 3-7　iPhone 5

（5）完成善后工作。与一般的会议大同小异，产品发布会的善后工作主要包括开展现场观众调查、跟踪媒体报道情况、答谢发布产品的企业和进行工作总结等。主办单位应该重视对媒体报道情况的跟踪，正面的媒体报道对参加展览会的企业而言具有很大的吸引力。因而，主办单位应将其纳入整个展览会的媒体工作中。

2）策划展览会产品发布会的常用技巧

① 统一安排不同参展商的发布会，使发布会显得组织有序、主题明确。
② 统筹安排展览会期间所有场次的产品发布会或产品推介会，避免现场混乱。
③ 利用"媒体日""新产品专区"等方式，为参展商展示产品创造更多的机会。
④ 反映行业发展的新趋势和新技术。
⑤ 做好会场布置、现场协调、安全保卫和现场服务等工作。
⑥ 制订切实可行的媒体邀请计划。
⑦ 控制待发布产品的档次和质量。

3.2.4 评奖活动

为扩大影响,在实际操作中,组委会往往会举办一些评奖工作作为展览会的重要补充(如对展台可评选最具人气展台、最佳展台设计等),并且会策划相关颁奖晚会。

1) 评奖活动的程序

通常情况下,评奖活动的程序如图3-8所示。

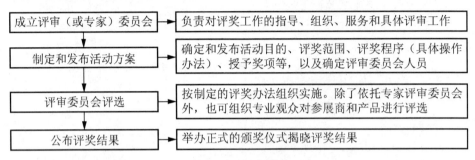

图3-8 评奖活动的程序

2) 评奖活动的策划技巧

为保证评奖活动取得良好效果,必须考虑以下细节(见表3-3)。

表3-3 评奖活动的策划技巧

权威公开	主办单化首先必须确保评奖活动的权威公正性,以期激发参展商的兴趣,取得他们的信任,忌设立名目繁多的奖项
合理控制时间	①最少提前3~6个月发布评奖方案,给参展商充足的时间做准备。②评奖结果安排在展览会结束的前一天较好,这既会让所有参与评奖活动的参展商有所期待,从而在展览会期间表现得更加积极,又不至于在最后一天要闭幕时匆匆收场
提升展览价值	组织评奖活动的目的是为了提升展览会的价值,不能为了评奖而评奖
制造新闻事件	主办单位应该围绕颁奖活动,抓住时机,通过众多媒体在展览会现场尤其是颁奖仪式上适当制造新闻事件,以此提升展览会在业内和公众心目中的形象

> **案例分析**
>
> **第十四届国际自动识别技术展览会亮点之一——评奖活动**
>
> 为期3天的第十四届国际自动识别技术展览会(Scan China 2007)已圆满结束,组委会周密筹备、深情服务,参展企业踊跃报名、积极参展,媒体持续关注、争相

3 活动策划

报道，观众热情参与、细致参观，Scanchina2007 取得了可喜的成果，Scanchina2007 规划总面积 8000m²，有效展览面积 2578m²，分别比 2006 年增长 25% 和 22%，有来自全国各地从事自动识别业、物流业、零售业、制造业（特别是汽车制造业）、食品加工业的上万人（次）观众、听众参加了展览及其同期活动。

为提升国际自动识别技术展览会的服务质量，促进观众参观的积极性，组委会特别组织了由观众参与的评奖活动。

由于评奖活动组织得合理，极大提高了观众参观的兴趣，现场观众积极参与"护照"游戏，与参展商形成了良好的互动。根据观众的现场参观、现场选票评出了"实用展台奖"、"环保展台奖"、"人气展台奖"、"新锐产品奖"、"技术创新奖"、"新颖方案奖"等奖项。闭幕式上中国物品编码中心副主任罗秋科为获得"Scanchina2007 实用展台奖"、"Scanchina2007 环保展台奖"、"Scanchina2007 人气展台奖"、"Scanchina2007 新锐产品奖"、"Scanchina2007 技术创新奖"、"Scanchina2007 新颖方案奖"等奖项的单位颁奖。评奖活动成为第十四届国际自动识别技术展览会亮点之一。

资料来源：www.zkad.com.cn。

分析提示：在展览会中增加评奖活动可以活跃展览会的气氛，使展览会参展商、观众形成良性互动，提高展览会的吸引力。

3.2.5 表演、比赛及其他相关娱乐活动

根据展览会规模的不同，办展机构还可以安排各种与展览会主题相关的表演、比赛或其他娱乐活动，以烘托展出气氛和扩大展览会效果。组织展览会相关活动有利于活跃现场气氛和吸引潜在的观众和参展商，在行业内和社会上都将产生较大影响。

1. 表演、文艺晚会活动

在展览会展出期间，策划相应的表演活动既可以调动现场气氛、丰富展出内容，也有助于参展商优化展出效果。美国 TradeshowWeek 杂志在 2004 年年底的一项调查结果显示，75% 的参展商首先选择用演出（包括演示）来宣传自己的产品和服务。例如，有些办展机构专门组织由著名歌星或影视明星参加演出的文艺晚会来增加展览会的知名度，或者特意举办营销性的比赛和表演活动吸引观众，如车展上的模特表演，服装服饰类的展览会往往会策划时装走秀。图 3-9 所示为央视大型活动欢乐中国行宣传图。

一些大型的展览会，尤其是政府主导型的展览会往往会在展览会期间举办文艺晚会。举办一台文艺晚会涉及多个部门，需要投入一定的财力，如果文艺晚会组织得好，其影响力定能会大于展览会本身，如大连国际服装节期间举办的文艺晚会已纳入服装节的一个不可缺少的组成部分。

会 展 策 划

图 3-9 欢乐中国行宣传图

案例分析

第三届中国无锡太湖博览会举办"欢乐中国行·活力无锡"大型文艺晚会

第二届中国无锡太湖博览会选择央视《同一首歌》栏目作为开幕式的载体，其传播效果如"高空引爆"，十分抢眼。第三届中国无锡太湖博览会开幕式在第二届开幕式的基础上对开幕式议程、环境布置、来宾接待进行了进一步细化。为营造喜庆和隆重的现场氛围，组委会设计了舞狮、燃放冷烟花、放飞信鸽与气球、升旗等仪式，并策划了"欢乐中国行·活力无锡"大型文艺晚会作为重头戏，使开幕式取得了很好的效果。

资料来源：www.thmz.com。

分析提示：主办方举办大型文艺晚会作为开幕式重头戏，显示了实力，增添了气氛，使开幕式取得了很好的效果。

2. 竞赛

竞赛也是在展览会期间经常举办的一项活动。展览会题材不同，策划竞赛的内容和方式也不一样。例如，服装服饰题材的展览会，通常策划时装模特大赛、未来流行趋势和流行色发布会、设计师作品发布会等；食品题材的展览会，时常会策划厨艺大赛；在文化题材的展览会上，也常常会策划一些少儿绘画大赛或摄影大赛等。在策划这些活动时，既要考虑到它的权威性和代表性，还要考虑到公众的可参与性。

3 活动策划

■ **案例分析**

新丝路世界模特大赛为中国（无锡）国际纺织服装交易会添彩

2005中国（无锡）国际纺织服装交易会（以下简称"纺交会"）于9月21日在无锡新世界国际纺织服装城隆重召开，此次展览会展览面积超过了3万 m^2，海内外纺织服装企业客商云集，众多国际知名品牌加盟，盛事空前，近3000名来自中国各纺织服装产业集群地的大型企业负责人和大型批发市场的客商成为本届纺交会专业观众的核心组成部分，如图3-10所示。

图3-10 比赛现场

为提升效果，组委会特邀新丝路世界模特大赛加盟展览会，安排了模特大赛和时装发布会，来自40个国家的众多佳丽走进了纺交会现场，她们在展馆与服装知名品牌及参展商进行了零距离的接触，参展企业可在现场预约模特作为自己的品牌代言人，通过各类媒体将服装品牌形象推向世界各地。展览会期间模特大赛的成功举办迅速掀起了一场"美丽风暴"，令纺交会很快成为热点新闻。可以说，这次模特大赛极大地促进了互动交流，充分突出了纺交会、无锡新世界国际纺织服装城及服装模特等载体的商业价值。

分析提示：纺交会主办方举办的新丝路世界模特大赛为展览会营造了良好的氛围，使纺交会成为当地热点新闻，对纺交会的成功举办起到了很大的促进作用。

3. 表演、比赛及其他相关娱乐活动的策划技巧

要成功地组织展览会的表演、比赛及其他相关娱乐活动，主办单位必须考虑以下4点。

（1）紧扣主题，提前策划。主办单位要清楚自己正在策划的是什么性质的活动，是与展览会主题相关的还是纯粹的娱乐性表演，是开幕式表演还是欢迎晚宴表演（或

答谢晚宴表演），是为整个展览会服务的还是由某家参展商出资委托的，项目人员必须对整个展览会的所有表演活动进行策划和宏观把握，如果活动由参展商自己组织，主办方也要负责协调。

举办这些活动的主要目的是活跃展览会的气氛，丰富展览会的展出内容，增强展览会的影响力，总的原则是一定要紧紧围绕着展览会的主题，采取与展览会题材相适应的组织形式，这样才能达到预期的效果。这些表演活动主要是参展企业为了活跃自己展位的气氛，吸引更多的观众而自己组织的。对于展览会组织者而言，只是负责管理与协调有关事宜，为其提供相应的服务，而并不参与这类活动的策划、组织与实施。但必须指出的是，演出活动应该与展览会的主题紧密相关，切记不能喧宾夺主。

（2）选择场地。如果是为整个展览会服务的表演，如开幕式上的舞狮表演，则应该选择在展览会公共场所举行；如果是由某家参展商出资委托的表演，则应安排在该参展商的展台上或在该参展商的展台附近举行。总之，除了开/闭幕式上的活动外，各类与展览主题相关的表演安排在展出现场比较合适。当然，具体选择在什么地方表演要根据实际情况而定。

（3）现场协调。主办单位应该对由组委会自身组织的表演进行统筹安排，并做好现场调度与服务，确保表演活动的顺利、安全举行，避免参展商与参展商之间因为对方的表演（或演示）活动影响了自己的展出效果而发生纠纷。

（4）安全防卫。无论是为整个展览会服务的表演，还是参展商自己组织的表演，都往往会吸引大量专业观众驻足观看，引起人流的聚集，主办单位必须事先和场馆协商，提前制定危机处理预案并安排适当人力，努力做好安全保卫工作。

4. 表演

表演是一项观赏性比较强的公众性活动，一般观众较多，现场气氛也比较热烈。表演通常可以分为3种：一是文艺性表演活动，二是营销性表演活动，三是程序性表演活动。程序性表演活动往往已经有了一套大体成型的模式，例如，运动会的开幕表演和闭幕表演，它们常常与其他活动融为一体。举办表演，常常要特别注意把握好以下几点。

（1）落实组织机构。组织机构对表演的成功与否影响重大，例如，有些较有经验的机构能将表演组织得井井有条，而经验较缺乏的机构有时候在这里浪费很多时间和金钱；有些较权威的机构能将一些关键的表演人员邀请到位，但一般的机构却不能。

（2）明确主题和创意。表演的主题和创意是表演的灵魂，表演和组织、形式和内容都是围绕它而展开的，主题要鲜明、健康、积极向上，创意要新颖、独到、为人所接受。

（3）策划好表演的内容。表演的内容围绕表演的主题和创意而展开，是表演的主题和创意的具体展现。好的表演内容不仅要紧扣主题，而且要为大众所喜闻乐见。

（4）采用合适的表现形式。好的内容只有用好的形式表现出来才富有感染力，如果形式与内容不匹配，即使有最好的内容，表演也难以达到理想的效果。

（5）精心布置表演舞台和场地。有些表演对舞台的要求很特别，有些表演对舞台上某项道具或布置要求很高，如此等等，表演一定要按表演主题的要求、表演内容的诉求和表演形式的需求布置好舞台。同时，表演的场地布置也要与表演的主题、内容和形式相一致。图3-11所示为央视春晚舞台。

图3-11　央视春晚舞台布景

（6）落实表演者、主持人和嘉宾。演员、主持人和嘉宾是表演要邀请的重要对象。演员是表演的主角，直接关系到表演的成败；主持人起到将各项表演内容有机串联起来的作用，好的主持人可以为表演锦上添花；有分量的嘉宾到场能增加公众对表演的关注度。

（7）组织好观众。观众是表演应该重点考虑的对象之一，难以想象一场表演只有演员而没有观众或者观众很少是一种怎样的情景。

另外，由于表演是一项公众性的活动，有关部门对其管理很严格，在筹备表演时，一定要事先做好有关报批和审批工作。并且，由于表演的观众往往很多，人群大量聚集，在进行表演前和表演过程中，要做好有关危机管理方案。

5. 比赛

比赛也有多种形式，有些比赛公开进行，观赏性很强，如各种运动会；有些比赛只是比赛者参与、评比者评比，没有什么观赏性。不过，不管采用什么形式，比赛一般都要注意处理好以下几点。

（1）制定一个比赛范围和比赛规则，拟定一个评奖办法，并将其向所有的潜在参与者公开。比赛范围是指规定哪些人或物或某些特定的对象可以参与比赛，比赛范围决定了比赛的规模。对于比赛规则以及评奖办法，要做到公正、公开和合理，不能有所偏颇。比赛规则以及评奖办法制定出来以后，可以事先征求有关方面的意见，以求更加合理和完善。

（2）邀请和组成一个专家评审团，负责对有关比赛的评比工作。在邀请专家组成专家评审团时，评审团的成员要有一定的代表性，并要向所有的参赛者公开，这样评出的比赛结果才更有说服力。

（3）要事先让比赛的所有参加者知道比赛评比结果的揭晓时间。比赛评比的揭晓时间有的会提前公示，这样能引起大家对该日期的高度关注；有的则设置得充满悬念，要根据某一程序才能推断出来，这会让比赛所有的参与者都有所期待。

（4）在比赛评比结果揭晓时，一般需要组织一个公开的发布或颁奖仪式，这样会使得该项比赛更加正式和有影响力。如果要颁奖，要为所有的获奖者颁发一些对获奖有纪念意义的物品，如奖杯、奖状、获奖证书等，这样可以使比赛更受欢迎。当然，还可以为获奖者颁发一定的奖金。

和表演一样，对于一些公众参与性较高，具有一定风险的比赛活动，例如竞技性的比赛等，也要提前做好危机管理方案以防万一。

6. 招投标活动

招投标是一个十分常见的商务活动。对于一些大型的项目，为了保证承接项目单位资格确定的公正性，有关单位常常要举行招投标活动。在本书的第二章，我们曾经介绍招投标主要有3种方式：公开招标、选择性招标和两阶段招标。公开招标一般用于规模较大的项目；选择性招标对规模不是太大的项目较为合适；两阶段招标对那些首次投标价格与预期价格相差较大的招标项目比较实用。不管哪种方式，招投标活动的技术性都很强，影响往往也较大，在举行时要特别注意组织得当。

（1）精心编写招标书。招标书是招投标活动对外宣示的招牌，投标企业就是按照收到的或看到的招标书来筹备有关投标事宜的。如果招标书编写不专业不准确，投标企业往往会无所适从。招标书编写好以后，一般要送达潜在的投标企业。

【知识链接】

招标公告

1. 招标条件

某代理有限公司受某学校的委托，现对某采购项目进行公开招标。该项目招标已经某市政府采购管理办公室核准、备案，建设资金来源为政府投资（或自筹），采购人为某单位，项目已具备招标条件，欢迎符合招标条件的公司参与投标。

2. 本次招标项目概况与招标范围

（1）项目名称：某单位采购项目。

（2）项目地点：某单位内。

（3）项目工期：　年　月　日至　年　月　日。

（4）招标范围：设备的供应、运输、安装、调试、使用培训及售后服务（附所需计算机的配置）。

（5）质量要求：符合国家规范、行业标准，合格工程。

3. 投标人资格要求及资格审查方式

（1）参与投标的生产厂家、代理供应商必须符合《中华人民共和国政府采购法》第二十二条的规定，并有良好的售后服务能力。

(2) 生产厂家或代理供应商均需提供营业执照（经营范围包括本次采购内容的经营许可，注册资金在 100 万元以上）。

(3) 生产厂家或代理供应商均需提供税务登记及组织机构代码证原件。

(4) 具有本次采购项目的生产或经营范围，有能力提供本次采购项目及所要求的服务。

(5) 本项目不允许联合体投标，成交供应商不得分包或转包。

(6) 资格审查采用资格后审方式。

4. 招标文件的获取

(1) 时间：2013 年　月　日至 2013 年　月　日，每日（工作日）上午 8 时至 11 时，下午 13 时至 17 时（北京时间）。

(2) 地点：某单位内第一会议室

(3) 售价：　元/份，文件售后不退。

(4) 购买招标文件时，请携带"企业法人授权委托书"。

5. 投标文件的递交及投标保证金

(1) 投标文件递交截止时间：2013 年　月　日时分（北京时间）。在此时间之后送达的投标文件恕不接受。

投标文件递交地点：某单位会议室（××街道门牌号××）届时举行开标会议，请竞标人的法定代表人或其授权代表按时参加。

(2) 逾期送达的或者未送达指定地点的投标文件，采购人不予受理。

(3) 投标保证金人民币　万元整（RMB　元），采取现金形式，在递交投标文件时送达某代理有限公司。

6. 招标人及招标代理机构

采购人名称：某单位

办公地址：

联系人：

电　话：

代理机构：某代理有限公司

地　址：

联系人：

电子邮件：

邮　编：

电　话：

日期：2013 年　月　日

（2）组织好开标和评标。投标企业按照招标书的要求制作好投标书，按照招标单位的时间和内容要求送达招标单位，招标单位按照招标书里承诺的时间和方式，组织开标和评标。很多招标项目的开标和评标都可以依次进行，评完标后选出中标单位；但对于一些特殊的项目，开标和评标都可能不止一次，中标单位可能要在多次开标和评标后才能选出。

不管什么形式的招标，要在开标时间前合理的时间里让有关企业知道该招标信息，使各有意投标的企业有时间准备标书；在开标和评标时，要注意开标的公平和公正性。

课后练习题

1. 填空题

（1）一个设计巧妙的开幕式能给_____、_____和_____耳目一新的感觉。

（2）_____是论坛的灵魂，一个鲜明_____可能对潜在听众尤其是目标专业观众具有强大的吸引力。

（3）在展览会期间举办的绝大部分产品发布会都是由_____和_____共同完成的。

2. 判断题

（1）由于出席嘉宾层次较高、潜在新闻集中且信息量大等原因，开幕式往往会受到众多观众的关注。（   ）

（2）在策划论坛时，每一个具体的议题在策划时内容是最重要的。（   ）

（3）尽管现代展览业已发展到今天的水平，但邀请名人出席开幕式仍旧不失为一种很好的方式。（   ）

3. 简答题

（1）展览会开幕式创新策划技巧有哪些？

（2）产品发布会的一般流程是什么？

（3）简答论坛嘉宾的邀请的注意事项。

任务3.3　活动经典案例精析

3.3.1　中国广告节

中国广告节是经国家工商总局批准，由中国广告协会主办的广告业界盛会，是中国广告业最权威、最专业、规模最大、影响最广的国家级广告展会，它集国家级专业比赛、媒体展会、设备展会、商务交流、学术论坛会议等为一体，起到推动中国广告业发展，促进国内与国际广告业交流、合作的重要作用。

中国广告节原称"全国优秀广告作品展",于1982年在北京举办。此后,杭州、南昌、武汉、广州、无锡等城市相继举办了第2届至第7届。随着中国广告业的迅速发展,特别是参赛作品数量的增加和规模的扩大,自2000年第7届始更名为"中国广告节"。第13届"中国广告节"于2006年10月在昆明成功举办,如图3-12所示。

图3-12　中国广告节开幕式

中国广告节的举办和延续,其蓬勃生命和影响力来源于广泛的经济群体,得益于各级政府的高度重视和社会各界的鼎力支持,也体现出了会展形式的成功之处。其主要特点是内容丰实、影响力强;组织周密、落实到位;政府搭台、社会参与;注重创意、强化品牌。

1. 中国广告界的"戛纳国际广告节"

在法国的戛纳,每年都定期举行国际广告节。每届戛纳国际广告节都安排丰富的内容,开展很多项目,给世界各国参与的广告界同仁带来巨大的启发。

在戛纳国际广告中,按照媒体门类的不同都设立众多的广告展位,还设置电子数字交互式展台,对于影视广告还组织专场放映,以此让广大与会者和参赛者观看和评价,同时也有利于各种媒体广告的公正评奖和对评委进行有效的监督。戛纳国际广告节仅仅是广告大奖就设立了全场大奖,平面作品狮子奖,青年制作奖,新闻记者奖,影视广告金、银奖、铜奖等奖项,同时还选定年度最佳广告人。在戛纳国际广告节期间还召开广告专题研讨会,比如第44届戛纳国际广告节研讨会就怎样看待胶印,柯达新技术如何应用,数字时代怎样进行传播与交流等问题进行讨论。为了使各国广告人开展经验交流,还专门组织多场聚会活动,比如青年创意者海滩聚会,平面作品卡尔顿海滩聚会,棕榈海滩狂欢活动等,受到广大与会者的热情欢迎和参与。

中国广告节可以称得上是中国广告界的"戛纳国际广告节",其差别仅仅在于涉及的范围方面,在安排的内容和项目方面,几乎同戛纳国际广告节没有太大差别。除了通常的开幕式和颁奖晚会以外,中国广告节的常设项目有:

(1)"中国广告大奖"参赛作品评选。"中国广告大奖"参赛作品评选包括平面、影视、广播、户外四大类,共计21个单项的评比。评出年度广告大奖、全场大奖及各类媒体广告的金、银、铜奖及入围奖。获奖作品代表中国广告行业年度创意制作的最高水平。

（2）中国青年人现场命题创作大赛。中国青年人现场命题创作大赛，旨在推荐和选拔青年广告人才，体现中国广告节注重培育广告新人的意愿。

（3）中国艾菲实效广告奖评选。中国艾菲实效广告奖评选，从广告效果和创意两个方面对广告全案进行评比，侧重广告效果。其获奖作品代表中国实效广告的最高水平，也体现广告主与广告公司的合作精神。

（4）全国优秀广告作品展。全国优秀广告作品展其中包括香港地区广告商会年度经典作品展，台湾地区中国时报奖获奖作品展；所涉及的各种媒体广告包括全国广告摄影优秀作品展、平面广告优秀作品展、本年度"中国广告大奖"获奖作品展等。有些特定的广告奖项也参与展评，比如中国广告长城奖作品也在第十七届中国广告节中进行了专题展览。由此可见，中国广告节总能做到全部参赛作品的公开展示，甚至还有中国媒介形象汇展。仅仅从广告展示和评比来说，中国广告节不同于国内一些门类广告的会展活动，而是高屋建瓴，统摄一切的广告活动，说中国广告节是中国广告界的"戛纳国际广告节"，是可想而知，毫不过分的。

（5）国外优秀获奖作品展。国外优秀获奖作品展主要包括：日本电通上年度经典作品展，美国纽约广告节获奖作品展，法国戛纳广告节获奖作品展，以此让全国的广告人都有一个更好学习和借鉴国外先进广告的机会。

（6）中国国际广告四新展示交易会。中国国际广告四新展示交易会包括国内外有关数字广告制作的科技设备、发布广告所运用的最新物质材料和灯光器具、摄影广告拍摄的先进器材、音响广告在录制和制作时应该使用的高档设施等，都有众多实物的展示，较为详细的现场解说和明确的销售途径，给参会者将来的广告发展，提供了可以选择的先进技术设备。商家由此也享受到商务拓展带来的商机和荣誉。

（7）中国广告节高峰论坛。每届广告节都紧紧围绕国内外广告的现状和发展趋势，以及如何应对等问题进行高峰论坛。比如第13届中国广告节的主题是"撞击、拓展、彰显"，在广告节期间邀请了国内外广告界知名专家和学者，围绕广告节的主题进行了广告峰会论坛。大家睿智而新潮，中肯而独创，开怀而穷尽，陈述出很多智慧的高论。与此同时，与会者也受到启发，由此充分感受到思想撞击而带来的愉悦。

第13届中国广告节把最前沿的知识、最有价值的信息和最美好的记忆带给人们，积极地营造出一个开放交流合作空间，创造无限可能的盛大聚会。

（8）中国广告人狂欢夜。中国广告节常常开展广告人狂欢夜，使参会者能在狂欢中加深交流和约定将来的互通，更好地促进我国广告业的发展。

通过以上我们可以看到，中国广告节对于汇集精华、推出新品、启发思想、开阔眼界，引导广告市场健康发展，具有十分重要的作用和导向。它作为广告市场的交流平台，把国外的先进技术和优秀作品介绍给国内的同行，让专业的和非专业的人士共同领略当今社会广告意识、广告思维、广告创意和广告制作以及先进科技及传统文化在广告中交汇融合、异彩纷呈的景象。中国广告节的影响对于促进广告行业经济的扩大，对于催发广告业人才的成长，扩大社会面的认知、提高广告业地位有着功不可没的意义，它同时也是会展行业中的一颗璀璨的明珠。

3 活动策划

第 12 届中国广告节会刊中有这么一句话:"中国广告节将会再次激起所有广告人的热情与梦想",应该说它广义上表达了广告业界对于中国广告节这一盛事的期望与厚爱。广告节作为广告业人士激情释放和才智高度表达的平台,编织了新的节日氛围,表达出收获与感触、激情与飞扬的诠释。随着市场经济的发展,创造型思维在整个社会中日益显著,创意性广告深入社会生活,其智慧的光芒愈加精彩,通过广告节使广告人集中体现和展示其凝聚个人智慧与群体创造力的优秀作品,达到进一步使社会认知广告作品的深刻含义和影响力,同时锻造了中国广告节这一辉煌的品牌,使广告行业在社会百业中烘托出灿烂的节庆文化,彰显出行业的社会地位。今天国内广告界对于中国广告节的认可和参与犹如奥斯卡奖对国际电影业界的影响和吸引力,它使一个行业增强了吸引力和感召力,并通过这种吸引力和感召力促动行业的努力,达到不断向社会输出优秀作品和创造影响的目的。图 3-13 所示为第 12 届中国广告节优秀作品。

图 3-13　广告宣传作品之一

目前,中国的广告业已经形成了一个产业规模高达 1400 亿元、广告从业人 100 多万、广告公司 10 多万家、广告媒体 1 万多家的新兴朝阳产业。中国已成为了全球五大广告市场之一。中国广告节已经成为中国广告业最具权威性、专业性、规模性和影响力的节日盛典;成为团结、汇聚广告公司、广告媒体、广告主、广告学术教育界的中心和交流展示的舞台;成为孕育、迸发、传播创意、新理念、新方法的生命空间;更成为中国广告业发展的一面镜子,映照着中国广告业的昨天、今天和未来。

2. 全盘周密统筹,重在广告评选

自 1989 年中国广告协会为广告人创造了一个学习和交流的机会,举办首届"全国优秀广告作品展"以来,至今已达 13 届。

最初的"全国优秀广告作品展"评委分别由学术界、广告公司、媒介的资深广告人担任。中国广告协会负责资格审定工作,以杜绝违法广告,从第 4 届起,国家工商行政管理局广告司负责资格审定工作。

对优秀广告作品的评选是广告行业组织和广告事业发展的一个重要表现,也是广告行业组织增强自身凝聚力,推动行业发展的重要举措。它有利于广告界广泛开展业务交流,提高广告创作水平,创造良好的经济效益,也有利于广告界加强自律。世界各国的广告行业组织都十分重视并举办各类优秀广告作品的评选活动。

在中国广告协会对优秀广告作品的评选范畴中，可分为中国广告协会主办的评选活动，中国广告协会下属专业工作委员会主办的评选活动，地方广告协会主办的广告评选活动。

中国广告协会曾经举办过多次全国优秀广告作品评选活动。全国优秀广告作品展简称为"全广展"，其评选工作在组委会的领导下进行。组委会下设评选委员会。第7届中国广告节，首次采用提前把参赛作品制作成光盘，分发给评委分别评判，并投票确定入围作品；开幕前一两天，再把各地评委集中起来进行大奖的评定。这比以往采用评委现场集中筛选打分的方法公正、合理。其评选程序如下。

组委会向全国征集广告作品参评，然后对来自神州大地的广告作品，按照参评条件对其进行资格审定，将符合参评条件的广告作品按照不同的媒介进行归类。工作人员将作品中注明的地区、单位、作者、姓名等项目进行技术处理以隐去，最后交付评委会进行评选。评选分为初评阶段、评选阶段和复议阶段。

（1）初评阶段：由评委按评选标准对参赛作品审阅后投票，并按得票数量确定入围作品。

（2）评选阶段：评委们对所有入围作品按评选标准打分，每件作品都要去掉一个最高分和一个最低分，按实际得票分数计算平均分，再按得分高低顺序排列。取得分数最高的前三名作品作为一等奖的候选作品。全体评委对候选作品进行评议。如果对一等奖候选作品资格有异议，并提出更换，须经一名评委提议，两名评委附议，经全体评委表决。如果2/3的评委同意所提异议，那么，则依据先下后上的原则更换候选作品。对前三名作品，评委进行评议后投票，得票最多者为一等奖、二等奖和三等奖，按得分高低顺序和奖项定额数确定，图3-14所示为颁奖现场。

图3-14　颁奖现场（一）

（3）复议阶段：最后设定复议程序。如发现已定的获奖作品有明显缺陷，与该作品的获奖等级不符，或发现有优秀的作品被遗漏时，在出证评选结果之前由一位评委提议，两名评委附议，全体评委表决，2/3评委同意后即进行调整。评选的最终结果被委托的公证处公证后，由组委会向参评者和新闻单位发布。

3 活动策划

　　在评选工作中，重视广告作品的创意与商品特性的结合、文案与图形的有机结合、制作与发布的结合，注重广告作品为消费者服务的立意表达。

　　从全国广告作品展的发展历程看，呈现出水平逐渐提高、作品逐渐丰富、优秀广告作品逐渐增多的趋势。例如，第1届共评出优秀作品79件，第2届217件，第3届307件，第5届评选出全场大奖、金奖、银奖、铜奖、入围奖、最佳公益广告奖、最佳广告语奖、评委推荐奖和最低成本制作奖共441件；到2002年第9届中国广告节，送评的作品2768件，评选出1个全场大奖、9个金奖、51个银奖、139个铜奖，另有545件作品获奖入围奖。这反映了我国广告事业持续、健康发展的趋势。

　　中国广告节由于展示内容多、涉及面广，其组织工作除了举办方在作品参选、展会项目等前期评选和筹备以外，另一方面，即举办方和承办方的衔接和具体实施工作也十分重要，它对于整个广告节的成功与否相当重要，这也是每一个展会所共同面临的问题。中国广告节由于涉及中国广告协会、云南省工商局、昆明市政府三级主承办单位，在协调、联络、组织安排和保障落实等方面都需要投入较多的精力和较长的时间，达到确保广告节正常顺利实施的目的。可以说，如果没有主承办各方的共同努力，就不可能顺利举办中国广告节这样的大型会展活动。

　　在这里，本文以2006年10月在昆明举办的第13届中国广告节为例，可以看出其组织工作的细节和保障落实。

　　2002年，昆明市政府向中广协申办2006年"中国广告节"，并派专人前往北京洽谈协商。2003年7月，中广协时学志秘书长一行专程就举办中国广告节事宜到昆明进行考察。2005年8月21日，中国广告协会再经过中国广告协会、云南省工商局、昆明市政府3方的进一步接洽，并就举办广告节的一些实质性问题进行详细磋商；在3方的不懈努力和密切合作下，11月7日，中广协正式函定在昆明举办"第13届中国广告节"。12月13日，3方共同签订了"第13届中国广告节协议书"，至此，各项筹备工作进入到实施阶段。

　　在第13届中国广告节的组织工作中，中国广告协会的各专业委员会部分媒体、公司承担了第13届中国广告节的业务性项目。云南省工商局动员企业和广告单位参加"云南印象——广告主品牌形象展览推广"展览及企业和广告单位的其他动员工作。昆明市政府负责做好组织开幕式、安全保障、宣传组织、卫生保障与城市环境氛围营造，接待和旅游组织。

　　2005年12月底，昆明市动员组织各方力量参与到广告节的筹划和实施工作中来。昆明市工商局积极动员企业和广告单位，参加"第13届中国广告节"的各项筹备工作，动员企业参加"云南印象——广告主品牌形象展览推广"展览。

　　2006年6月，中国广告协会、云南省工商行政管理局、昆明市人民政府3家主办单位，在云南省工商行政管理局共同召开新闻发布会，宣布"第13届中国广告节"将于10月27日至29日在昆明市举办的消息。之后，昆明市媒体对昆明即将举办的"第13届中国广告节"做了大量的宣传报道，目的是让广大市民更加了解昆明举办此次广告节的重要意义，为广告节的各项筹备工作打下良好的群众基础。在此期间，昆明方与中广协、省工商局3方多次开会,商议策划各项工作,力争把广告节办出特色、办出水平。

由于各方面的共同努力,第13届中国广告节取得了巨大的成功,又一次为广告节的辉煌谱写了新的篇章。

3. 政府搭台,社会参与

庆典洋溢欢乐的激情,而欢快的激情源自产生激情的人们,离开了更广泛的社会群体、其庆典场景和影响面也就随之减弱。中国广告节是一幕宏大的激情场景,产生了巨大的影响,使更广泛的社会群体参与和感受了它所带来的欢快和动力。

第13届中国广告节主办单位为中国广告协会、云南省工商局、昆明市政府,承办单位是中国广告协会广告信息文化传播有限责任公司、云南省广告协会、中国广告协会各专业委员会、昆明市政府会。展办支持单位有中国非处方药物协会、中国印刷技术协会、中国轻工业联合会、中国轻工业产品质量保障中心、中国洗涤用品工业协会、中国乐器协会。

参展的媒介、广告单位有各类报业、电视传媒、创意传播机构110家,有广告设备器材及影像标志技术、制作的企业83家,有品牌形象参展广告作品232家,有注册代表282名。在第13届中国广告节举办期间除已经公布参与的425家单位和企业外,尚有几十家企业进场参展,从中我们可以看到这是一幕政府搭台,企业为主的戏场,演出了声势浩大的经济、艺术场面和体现出壮观的会展氛围。来自广告界、企业界、网络界的知名人士共1500多人,汇聚交流聆听专家们的研究成果,分享了他们的成功经验。

在3天的会展期间,来自海内外的近千幅优秀广告设计创意作品向前来参观、观摩的群众和业内人士展示。优秀的广告作品和技术设备、制作产品吸引了各地的到访者和慕名而来的观赏者。第13届中国广告节的成功举办体现了组织者的精心准备和社会参与面的发动和组织,其中既运用了政府的行政手段,也发掘了广告行业的群众基础和广告业发展的潜力作用。应该说,争取社会面的最大参与和热情激发,是广告节成功演绎为一场社会参与面巨大、影响力深远的一个大型会展活动的关键要素,图3-15所示为颁奖现场。

图3-15 颁奖现场(二)

4. 与时俱进，强化品牌

一般来说，与时俱进是各项会展活动的办会原则，而对于中国广告节来说，简直成了能否成功举办的先决条件和必备原则，这是由广告业的特殊性而决定的。拿具体的广告来说，如果是最富有创意的，那么必定是与时俱进，能够强化产品品牌的作品。对于每一届中国广告节的举办而言更是如此。这就是说，任何一届中国广告节的成功举办，都要与时俱进、注重创意、强化品牌。就第 13 届中国广告节而言，主办方总是从追求创新、深度开发的角度出发，开发出许多适合时代飞跃发展的新项目，为广告节增添了许多新的闪光亮点。"中国元素"国际创意大赛、中国主题广告创意大奖赛、云南印象广告主品牌形象推广展、美国金铅笔的优秀作品展等项目都成为广告节的新的看点。另外，在昆明世博园举行、演示录播的全国第一次以广告为主题的大型开幕晚会，也令广告节和广告人在聚光灯下一展风采。中国创意城市与城市形象传播市长论坛、奥运经济与体育营销高峰论坛、中国元素国际创意论坛 3 个新开设的论坛都是中国广告节与时俱进、屹立潮头的最佳表现。所有论坛、讲座都邀请最具权威性、影响力和国际化的演讲专家探讨广告业的热点、焦点问题。

"创造惊人价值，成就强势品牌"。这是一句时尚的广告词语，也是中国广告节的写照。广告在中国社会的大众分量和地位已经是不言而喻的，其影响力超越地域、穿透时空，深入人心。中国广告节强大的号召力凝聚了众多的优秀企业和人才资源，由于众多的优秀企业和人才资源造就了辉煌的行业品牌。借助着这一品牌，无论是中国广告节的组织者还是参展单位其精心的组织和积极地参与都感受着广告节的品牌荣耀。同时，上百万的观众参与也显示了广告节这一品牌参展内涵的充实和组成的多元成分，可以说有了中国广告节这一响亮的品牌，中国的广告业更加有了聚合性，其行业的成员在追求经济成分的同时，也更加多了一份行业荣誉的奋斗目标。正是基于这种行业荣誉，使得中国广告节的品牌号召力彰显出来，给广告节的组织者提供了广大的群众基础和社会参与面，使中国广告节这一会展形式得以辉煌地成功展示。

5. 评析

中国广告节作为全国性的行业盛会，凝聚了中国广大地域的广告界同行的智慧和力量，把广告业的精粹华彩烘托了出来，让社会各界在切身感受广告影响力的同时，也看到了广告业发展和壮大的雄阔波澜和瑰丽奇彩。回顾历程，中国广告节可以说是一步步地伴随着时代的发展而前进。1982 年 2 月在北京举办了第一届，当时名称为"全国广告、装潢设计展"；自 1989 年在杭州、1992 年在南昌、1995 年和 1997 年在广州、1999 年在无锡举办。上述 5 届展会，其名称为"全国广告优秀作品展"，2000 年，经国家工商总局的批准，在无锡举办的第 7 届改名为"中国广告节"，从中我们可以感受到一个品牌的诞生及演变过程，一个创意的初级向高级递进和一个展会从原创到现代的发展。这里面既凝结了所有业内人士的辛劳和智慧，也体现了社会各界的关爱，正基于如此，中国广告节当之无愧地成为全国性的盛会。今天，人们已经在为今后怎样把中国广告节进一步推向世界，把中国广告节办成既能充分体现中国特色和水平，又具有国际水准的广告盛会而努力。我们相信开放的社会和信息化的时代，广大的中国广告业同仁和社会群众必将透过生活，深刻领略到广告的生活情趣和文化魅力，并由衷地期盼中国广告业更加兴旺发达。

中国广告节作为一个行业性会展项目在向全国辐射、不断扩大影响的同时，我们也应看到它目前还有必要在项目清晰、质量精锐、组成多元和积极反映民族利益和时代特性等方面下力气、谋发展，以期能够进一步增强中国广告节的品牌感染力、号召力和凝聚力，进而达到越办越好，越办越有吸引力的目的。

3.3.2 《云南映象》掀起的云南影响

在"节庆展演赛"的大会展概念中，演中最成功的例子可能要数我们将为大家介绍的大型原生态歌舞《云南映象》（如图3-16所示）了。作为代表云南歌舞集最高水平的文化产业项目，同时也是云南市场化运作最成功的文化产业项目，相信《云南映象》能留给大家太多的思考与启迪。

图 3-16　歌舞《云南映象》

1. 震撼全球的云南原生态民族歌舞

在西方人类社会学的语境下，"原生态"意指尚未被艺术加工的民间质朴艺术形态，而在更广泛的全球视野里，它还应当囊括所有未遭现代商业文明同化的原住民文化。当然，这同西欧19~20世纪形成的新原始主义艺术流派是大相径庭的。对于中国这样资源丰厚的大国而言，"原生态"资源主要来自4个方面：自然、历史、地域和少数民族。其中，自然景观的开发已基本穷尽，历史文化（原典、墓葬和古建筑）的发掘也濒临尾声，地域文化（民居和民俗）亦在全球化进程中分崩离析，只有部分少数民族文化尚未开采。原生态的绚丽歌舞，被封存于边陲群山的民族村落里，已经长达10多个世纪之久。它的重新发现并登上艺术舞台，引发了经久不息的全国性狂潮。

2008年8月，《云南映象》率先提出了"原生态歌舞集"的理念。次年8月，山西左权举行的"全国民歌南北擂台赛"，也在音乐领域引入"原生态"一词。随后，文化部开始征用这个概念，制订和实施抢救性文化挖掘计划。2005年南宁国际民歌节，原生态民歌再度引人注目。2006年中央电视台举办第12届央视青年歌手大奖赛，增设原生态组比赛，而全国第3届少数民族文艺汇演，更是高举"原生态民歌"的旗帜，成为媒体竞相追踪的焦点。经过3年的培育，"原生态"已成为最热烈的文化时尚，如图3-17所示《云南映象》的宣传图。

图3-17　《云南映象》的宣传图

中国舞蹈具有深厚的艺术和悠久的历史渊源，它最早出现在五千年以前。同时，中国舞蹈的根源主要来自于反映各种劳动生产和生活、民俗和祭祀。大型原生态歌舞集《云南映象》就是一台既有传统之美，又有现代之力的舞台新作。她将最为原生的原创乡土歌舞精髓和民族舞经典全新整合重构，再创云南浓郁的民族风情。这是一部没有用故事作为结构却包容了所有故事内涵的大型原生态歌舞作品。全剧囊括了天地自然、人文情怀，以及对生命起源的追溯、生命过程的礼赞和生命永恒的期盼。在歌舞集中，原生、古朴的民族歌舞与新锐的艺术构思进行碰撞。原汁原味的民族歌舞元素，云南各民族民间着装的生活原型，62面鼓的鼓风、鼓韵，120个具有云南民族特色的面具，表演中的道具、牛头、玛尼石、转经筒等全是真的，苑园豫的演员系云南刚走出田间地头的少数民族，亦真亦幻的舞台、灯光及立体画面效果，这些就是呈现在您眼前的大型歌舞集《云南映象》。

当钢筋水泥的丛林向云南这片"秘境"、"隐藏的土地"步步逼近，这些非物质化的动态的文化遗产渐渐面临被都市文化吞噬的危险。出于对云南非物质化遗产真心的热爱和热诚的保护，艺术家不是要把这种文化封存起来，而是以独创性、经典性、实验性的原则，在舞台上建造一座活动的民间歌舞艺术博物馆，这便是《云南映象》的创作宗旨所在。

著名舞蹈艺术家杨丽萍沉沉潜到艺术生命的底层，去开拓全新的生命意义和真正的艺术瑰宝，将丰富的云南民族民间艺术"解构"又重新整合。在前辈努力的基础上，她调动了30多年的艺术、人生的积累进行总体构思，并用了几年的时间，从那些被遗忘的角落里，找来了60多位能歌善舞的村民，找到了这些为生命而舞的族人（如图3-18所示）。他们用天人合一的歌舞，身心合一的激情，带着与生俱来的冲动和狂欢，汇聚成决堤泄洪般的冲击力。

《云南映象》于2002年年底开始编排，2003年8月8日在昆明首次公演。2004

图 3-18 舞蹈场景

年 4 月 10 日在北京保利剧院首次演出,艺术魅力震动京城,在 2004 年 11 月 15 日便获得 2004~2005 年度国家舞台艺术精品工程"十大精品剧目"称号。同年 11 月 16 日,《云南映象》世界巡演活动在美国辛辛那提市拉开序幕,并捧回美国辛辛那提戏剧演出节国际舞蹈界"格莱美"大奖。2006《云南映象》第三次进京在保利剧场演出。迄今为止《云南映象》在世界巡演了 800 余场,观众超过 70 万人次,演出行程达十万多公里之遥。这是一个"赢家通吃"的年代,尤其是文化产品,要有国际声誉才会有巨大的影响力与巨大的收益,它可以为一系列的后续延伸产品"开道",中国社科院研究员张晓光的这番话,指出了打造名牌文化节目的奥妙。

伴随着《云南映象》的世界巡演,各方好评如潮,蜚声艺坛。文化界各位知名人士如此评价道:"系着云南土风而升华的艺术表演","是个性化的,又是大众化的;是寻根的,又是先锋的;是业余的,又是比专业还专业的;是汲取优秀文化的,又是自我创作的,它充分地显示了民族民间舞蹈的威力和魅力","是一台具有丰厚人文内涵和示范意义的作品,既是取自原生态的又不是原始粗俗的,既是根植优秀民族传统的又是具有民间舞蹈现代发展趋向的,既是非语言文字的肢体艺术又表达了超越语言文字的生命激情的作品"。《云南映象》给人印象中的涵义真是深邃、精彩和独到。

2. 原生态歌舞的展示诀窍

作为中国舞蹈史上第一个自己营销、包装、推广的原生态民族歌舞集,《云南映象》从高原村寨走向世界,为中国的舞台艺术走向市场探索出了一个崭新的运作模式,《云南映象》本身也已经成为一个中国舞蹈界的共有品牌,一张获得广泛赞誉的"中国名片"。

1) 原生态民族歌舞的"映象"特点

所谓"映象"一词,本身就是一种新颖的独创。在现代汉语词典中,本没有"映象"词语,而只有"印象"这一语词。印象是指客观事物在人脑中留下的迹象,而"映"字则是指因光线照射而显示出来的物体的形象。因此"映象"一词是两个词素的组合,既说明民族歌舞中原生态形象的真实再现,也就是说始终脱离不了生动而可感的形象;又暗示这些原生态民族歌舞显现出来的形象,能够深刻留驻在人的脑海里。因此,"映象"一词的生成奇妙无穷。

(1) 映象源于云南。在接受媒体采访时,杨丽萍曾经强调说:"我很庆幸自己出生在云南这个歌舞之乡。"云南是祖国西南边疆的一个多民族省份,这里有深厚的文化底蕴,是人类的发祥地之一,为人类文明留下了宝贵的世界文化遗产、世界自然遗产,成为人类遗产重要的共生宝库。这里有多彩的民族文化,26个世居民族生生不息,团结和睦,形成了多民族群体、多文化形态共生的独特文化类型,在中华民族文化宝库中熠熠生辉。这里有美丽的自然风光,地形地貌、动物植物丰富多样,山川雄奇,风景秀丽,气候宜人。人与自然和谐相处,处处是风景,天天可旅游。这是一块古老神奇、富饶美丽、生机勃勃的土地,这是一座文化艺术的百花园,这是一个蕴涵宝藏的文艺富矿,这是一颗民族文化的绮丽瑰宝。

彝、藏、佤、哈尼等10多个民族原始、粗犷、充满绚丽色彩的生活因《云南映象》而生动地展示在舞台上。奔放的肢体动作、抽象的画面构成、空灵悦耳的音乐、清亮具有穿透力的山歌,将人类对于心灵回归、生命激情、灵魂升腾的情感渴望,表达得淋漓尽致。已经获得巨大成功的《云南映象》,就是云南这座文艺富矿中的一些点滴和片段,杨丽萍与《云南映象》共同将这块宝石上的灰尘轻柔地拂去,让世人看见它的光彩。

《云南映象》并不是突发的横空出世,而是对民族魂、民族根的继承。杨丽萍和《云南映象》演员所表现出来的艺术张力,源于彩云之南的这片红土地,是对于云南民族民间文化的深刻表现和深情礼赞,并有着新世纪的时代特征这也正是《云南映象》火爆国内演出市场并具有强烈的持久力的深层原因。

(2) 映象面向全国。自2003年8月8日在昆明会堂首次公演以来,《云南映象》已经在国内正式演出500余场。

2003年8月4日,《云南映象》在昆明会堂举行了正式演出前的首次彩排。在结束后的座谈会上,云南省委副书记丹增激动地说:"这才是真正的舞蹈、真正的民族文化、真正的艺术!"他马上指示,要将《云南映象》当做重点艺术工程来抓,要按市场规律运作,政府给予扶持和帮助。就是在观看这次彩排之后,他为《云南映象》提出了"立足云南,走向全国,打入世界"的发展思路。

这以后,曾经历经困难的《云南映象》终于走上了发展的快车道。在昆明,《云南映象》的票房收入超过千万;在浙江的温州、杭州、宁波,9场演出场场爆满;在上海,获得了中国舞蹈"荷花奖"的最高奖项;在北京,还未上映,杨丽萍和她的歌舞团已经成为媒介的重要目标,《云南映象》更是一票难求……《云南映象》目前已经成为了云南省对外宣传的一个窗口,她将奔赴国内更多的城市巡演,让更多的国内观众领略云南各民族如诗般的风情。

(3) 映象打入世界。在国内市场掌声不断的同时,《云南映象》从未忘记过走向世界的梦想。《云南映象》以《寻找香格里拉》的名字进军国际文化市场,在美国等十几个国家举行了160余场演出。

目前，派格公司完全按照国际演出行业的惯例对《云南映象》进行包装及商业运作。据了解，澳大利亚灯光师、舞美师等专家正在对《云南映象》进行再加工、再提炼，以使它成为真正属于世界的艺术产品。《云南映象》可能将是以成功的商业姿态第一个走向海外市场，并能形成固定品牌的歌舞集。

2）原生态民族歌舞的"映象"再现

（1）演员：75%来自山寨。《云南映象》的演员共有90余人，其中苑园豫来自于云南各村寨的少数民族。在他们的血液中本来就流淌着原始的舞蹈基因。这些演员最小的7岁，最大的20多岁，当时杨丽萍去寻找他们的时候，他们都还在农田里干着农活。据杨丽萍本人说，之所以大量起用业余演员，主要是许多专业舞蹈演员没有民间的味道。他们一直在民间的圈子外寻找所谓时尚的感觉。而这些民间演员在生活中就唱那些歌跳那些舞，他们的歌舞充满了生命的勃发，这是专业演员不具有的。在排练时，杨丽萍只需要指导他们习惯于舞台表演就行了。

（2）表演：红土地上的民族原态。《云南映象》歌舞集共有"混沌初开""太阳""土地""家园""火祭""朝圣""雀之灵"等7场歌舞，由此展现了云南少数民族对自然的崇拜、对生命的热爱。舞蹈编排将云南原始乡村歌舞的精髓和民族舞蹈语汇进行了整合重构，用新锐的艺术构思表现出少数民族的勤劳、朴素。在舞蹈的肢体语言中糅合了彝、苗、藏、傣、白、哈尼等民族舞蹈。序幕在60面大鼓的敲击声中拉开，即使是女子擂鼓的时候，也让人感受到来自红土地蓬勃的生命力。歌舞集的最后，是以杨丽萍领舞，60只"孔雀"齐舞的"雀之灵"作为尾声。全剧表演全是真人真唱，演出服装全部是少数民族生活的着装原型。

（3）舞美：远古与现代的时空跳跃。《云南映象》大量使用了可移动、升降转换的装置。据介绍，云南的少数民族在劳作之余，喜欢在广场上跳集体舞，他们称之为"打歌"或"跳锅庄"。为把这样的生活原态再现在舞台上，杨丽萍突破了以往舞台艺术的均衡布局，使传统的广场活动与现代舞台艺术得到了完美结合。音乐、服装、灯光、道具，将留给观众一个"原生态"的特定印象。180副具有云南特色的面具，牛头、玛尼石、转经筒在亦幻亦真的舞台灯光中穿梭于远古和现代，在时空和视觉的错位中构建一种原生态情感。

3）对《云南映象》歌舞集的理论分析

上文对《云南映象》的成功要素进行基本分析以后，在理论上进一步剖析《云南映象》的成功诀窍，这对全国不同地区原生态歌舞的演艺将有一定的启示。

（1）《云南映象》歌舞集的准确定位。对于大型歌舞演艺来说，如何对其进行准确定位是十分重要的（如图3-19所示为舞蹈片段）。众所周知，歌舞演艺的成败关键在于观众是否青睐，是否愿意踊跃观看，这是演出策划的基本点。实际上，观众的需求分析和产品的目标市场细分是相似的，演艺策划必须根据娱乐环境的需要和你所拥有的资源优势来确定，而目标观众也是与资源优势息息相关的。通常说来，云南歌舞本身就是一种资源优势，其实在当代繁华而时尚的城市社会，原生态的歌舞才是真正意义上的一种观众喜欢欣赏的资源优势，而准确的定位就是要创造一种与众不同的差异性，能够满足观众的切实需求。

图 3-19　舞蹈场景

《云南映象》定位的成功之处主要有以下几点。

一是差异化定位，让观众看到的歌舞不同于以往的云南歌舞，更有气魄、更有风味、更有灵性、更有色彩。

二是心理化定位，尽量满足观众的好奇、探秘心理。越是民族的，越是世界的，"原生态"的原汁原味能够成功唤起国内外观众的好奇和向往，这是因为图腾化的文化有无尽的魅力和引力。

三是名人效应定位。杨丽萍（如图 3-20 所示）是一位闻名中外的优秀舞蹈家，赵青、陈爱莲、刀美兰、杨丽萍、山翀等几代舞蹈家的演出，各有千秋，但杨丽萍确实是一位专门为舞蹈艺术而生的舞蹈家，用摄人心魂来描写她的舞蹈最为恰当，她倾力打造的舞蹈既保证了《云南映象》的节目质量，也有巨大的名人效应。

新知识

杨丽萍

杨丽萍（如图 3-20 所示），1958 年生于云南，洱源白族人，自幼酷爱舞蹈。1971 年进入西双版纳州歌舞团，9 年后调入中央民族歌舞团，并以"孔雀舞"闻名。1992 年，她成为中国大陆第一位赴台湾表演的舞蹈家。1994 年，独舞《雀之灵》荣获中华民族 20 世纪舞蹈经典作品金奖。2003 年，杨丽萍任原生态歌舞《云南映象》总编导及主演。2009 年，编导并主演《云南映像》姊妹篇《云南的响声》，再获成功。

图 3-20　杨丽萍

企业化或项目化运作是演出市场发展的方向。企业化管理解决了长期以来束缚文化经营者的机制问题，企业化管理本身的许多制度，比如产权清晰、职责分明、利益明确、奖惩分明等，就能带来明显的管理优势。但管理层的理念仍然是重要的，有优秀的经理人和可以让经理人舒展拳脚的舞台，为项目的成功提供了关键要素，这些都是《云南映象》成功的重要原因。

（2）民族文化走向市场的强势模式。民族文化走向市场采用何种方式，全国都在探讨。《云南映象》尽管演出的是原生态的艺术，但从总体上说，仍然属于民族文化的范畴。王晓京的女子十二乐坊显得非常成功，在进入日本主流社会之后又努力进入美国社会进行展演，这不仅仅需要勇气更需要智慧和实力。由此可见，文化产业孕育着巨大商机，特别是随着经济的发展，国际交流的增强，文化市场需要更多的品牌产品。同时，社会的关注和大量资金的涌入，为文化产业的发展也奠定了必要条件。

文化市场的经营者需要智慧，能及时抓住机会，整合资源，借鉴经验，勇于探索。当然，民族文化的发展也存在不少问题，如体制问题、资金问题、市场运作经验问题、不良竞争问题、信任危机问题等，都会制约市场化的发展。《云南映象》则饱含正反两方面的经验教训而终成正果，如今终于焕发出光彩。

（3）文化品牌延伸出其他相关产业。文化品牌的发展是一个系统工程，不是企业的随意想象，而需要领导者具有一定的把握能力。多元化道路并不好走，一定要分清主次和把握好节奏。企业不怕小而怕大，这是中国企业的通病，里面的原因很复杂，需要极强的协调能力和战略控制能力。但国内演出市场确实需要改变单独依靠票房收入的局面，演出的综合价值、增值业务、衍生产品开发都要向海外学习。演出场次增加能力是有限的，弹性较小，每天最多演两场。世界五大唱片公司并不依靠演员的舞台演出收入，主要依靠唱片发行的收入，当然演出行业情况不同，需要有提供演出为主的剧团存在，但综合价值开发才是产业化的方向。《云南映象》隶属于云南映象文化产业发展有限公司，公司除了成功开辟《云南映象》的演出项目以外，目前又开发出相关的云南映象普洱茶，云南映象商贸城等产业，从而保证了集团企业的综合发展。

另外，还有许多专业人士论及《云南映象》创作和演出的成功，从艺术实践到理论研究的结合上给大家许多有益的启示。

① 对原生态舞蹈艺术的保护，不能仅仅为了保存而保存。继承是为了存活，存活必须与社会发展同步，舞蹈艺术形式的发展必须以原有的演出形式为基础。《云南映象》在这方面就是个很好的范例，既是原生态的，又是根据所表现的生活内容进行了艺术的加工和发展。

② 民族舞蹈艺术的发展既要继承，又不能拒绝借鉴，即对别的民族、地区、国家不同舞蹈艺术的表现手法和表现手段的参考和借鉴。借鉴外来的是为了发展我们民族的，而不是用外来的代替我们自己的。《云南映象》在这方面做得也很出色，如舞蹈氛围的创造渲染，群舞和独舞的交错，领舞和群舞的照应，不同场景的衔接，表现与再现的融合，以及灯光、道具与舞蹈的配合等方面都有不少的亮点。

③ 为一个大型的舞蹈作品，在发挥综合艺术表现手段的同时，必须保持舞蹈本体的主体化，也就是要充分发挥舞蹈本身艺术表现手段的特长。《云南映象》较好地做到了这一点，如歌唱、吟诵、音乐、声响、舞美（布景、灯光、道具等）都紧密地与舞蹈融为一体，为增强舞蹈的艺术表现力起到不可或缺的作用。

3. 《云南映象》给云南带来的影响

大山般的厚重、红土般的热烈、太阳般的光辉、月亮般的透明、苦竹般的甘苦，以及对理想的执著……是这些构筑了《云南映象》的成功。通过《云南映象》充满人类智慧结晶的表演，使观众闻到了云南许多民族的气息，产生了一些光彩夺人的映象，同时也使观众与《云南映象》一起，去寻找艺术的精神和对全球化背景下如何发展民族文化的再思考。

一部有价值的艺术作品往往凝聚着个人的血与泪、情与爱而别人无法替代的感受，这就挽救了一些珍贵而不被重视的东西，这种东西实际上是人类共享的经验。杨丽萍舞蹈艺术对社会及文化的再启蒙，是通过不粉饰、不造作、不媚俗的真情实感，以及深化后的原生态展示给观众。因而《云南映象》发掘出原始情结，组合了当代舞蹈语言，调动了一切民族舞韵且融入了现代书画来构成极强的视觉冲击。这样的舞蹈语言一旦引起共鸣，艺术中的张力就有了真正的社会意义。

舞蹈艺术家杨丽萍已经成为《云南映象》的一个标志性符号，但《云南映象》只是近年来闪亮登上国际舞台的中国佳作的一个缩影。2003年，中国启动了文化体制改革，一批民营演出企业在全国各地迅速发展。以上海为例，上海演出公司数量超过了200家，其中120余家属于民营演出公司。过去，中国与海外的演出交流往往由国有文艺院团承担。现在，尽管民营企业向世界舞台冲击的力量还较为薄弱，但在文化体制改革的推动下，近年来闪亮国际舞台的中国佳作，大多已有"民间血统"。且不说纯粹来自于民间的《云南映象》惊艳了欧洲，成立仅3年多的上海城市舞蹈公司2006年7月在莫斯科大剧院演出的《天鹅湖》，竟然卖出了8000卢布一张的票价，而且场场爆满。据记者了解，这是中国第一个进入俄罗斯的商业演出项目。上海时空之旅文化发展有限公司推出的大型多媒体梦幻杂技秀《ERA——时空之旅》，一年365天固定在上海马戏城上演。这场"锁定海外观众"的马戏演出，一年来的票房收入已经突破4000万，海外观众占了半数左右，实现了"不出国门也出口创汇"的梦想……相对于艺术内涵、技艺能力等长处来说，中国文化商业演出的"短板"在于薄弱的营销环节。毫无疑问，这也是民营演出公司走出国门必须跨越的"门槛"。

《云南映象》的成功经验，在于这一舞台艺术作品将艺术家的智慧、企业家的运作，以及党和政府的扶持很好地结合在了一起。《云南映象》的成功为今后云南文艺繁荣、文化产业的快速发展提供了可借鉴的经验和成功的楷模效应。

同时，《云南映象》掀起的映象风暴不仅仅是一台好看的戏，实际也是一个极好的旅游宣传平台。

据悉，全世界第一部全新概念的山水实景演出《印象·刘三姐》自2004年推出，已经完成了从文化品牌向旅游文化产业品牌的转化，成为名副其实的世界级"文化名片"。耗资 1.3 亿元的《印象丽江》业已启动，张艺谋又带着他的"导演铁三角"来到杭州，准备打造"印象系列"的第三件作品《印象西湖》。

从文化表情到商业表情，"印象"和"映象"系列夺人眼球，让人对文化品牌产生深度思索。省内外由山水实景的壮丽而演化出来的秀美，多多少少与《云南映象》歌舞集有一定关联，这是因为，"原生态歌舞集"这个词缀确实隐藏了耐人寻味的发展空间。事实上，一个地方的文化活力是否得以保存与延续，首先取决于后人对这种文化所代表的精神价值的认同，其次取决于后人对它所显现的商业价值的采集与利用。大家都找张艺谋创作"印象"，正是看中了国际大导演张艺谋的国际名声与高超制作水准。

在短短的两年里，云南各地丰富的民族文化资源得到竞相开发，《云南映象》、《丽水金沙》以及大理的《蝴蝶之梦》（如图 3-21 所示）、西双版纳的《勐巴拉娜西》、文山的《七彩神韵》、迪庆的《香格里拉》等大型民族歌舞，先后推向市场，逐渐在市场中形成知名文化品牌，大大推动了当地旅游事业的发展。据有关部门的统计，自 2004 年以来，《丽水金沙》累计演出 1000 多场，观众近 500 万人次，总收入达 4000 多万元。而杰作《印象·刘三姐》，2005 年 5 月起票房一直长盛不衰，拥有 1800 个席位的演出现场经常爆满。在此同时，阳朔的游客人数与过夜人数比历史最高水平的 2002 年又增加了百分之十几。云南旅游胜地大理终于警醒，大力推出民族歌舞《蝴蝶之梦》，其中一个原因就是看到《丽水金沙》与《勐巴拉娜西》两大歌舞的成功演出，分别拉动了丽江与西双版纳的旅游。

图 3-21　蝴蝶之梦

这就是"秀"出来的"印象和映象经济"，对云南文化产业的腾飞立下了汗马功劳。清华大学新闻传播学院的熊澄宇教授表示，文化产业不同于其他产业的一个特点就是，它是内容产业。内容这块东西是值得去研究的，它的社会属性很明确，但是你要作为一种经济产业，它里面就有很多经济手段。比如在英国，流行音乐就形成了大产业，1997 年英国出口的音乐制品收入竟然超过了钢铁出口的收入。意大利则注重时装产业，造就了占世界 1/3 的时装大师。

《云南映象》也开始大力开掘品牌的延伸项目，并在北京的演出现场得到充分体现。除了免费发放的节目单以外，演出方还销售相关的图书和手工艺品，这些被打上了《云南映象》印记的产品，很快销售一空。《云南映象》甚至根据舞台和观众的需要来开发包装。因此行家说，"它是一个完整的产品"。

据此看来，如今"印象"和"映象"系列热潮滚滚，也是一件好事。它与文化资本一起携手，跨省界、国界流动，有助于把地方的传统文化资源和现实的其他资源进行最佳组合，进而形成真正有竞争力的文化品牌。

4. 评析

《云南映象》率先提出了"原生态歌舞集"的理念，并取得了巨大的成就。其成功的关键：首先对《云南映象》进行准确的演艺定位，然后对云南少数民族的原生态资源进行综合整理和利用，按照市场的强势模式进行经营管理，在省市政府的有力支持下走出云南，游艺海内外，博得了天下赞誉。由此可见，坚持产业化道路能够切实保证演艺事业的持续发展方向。总之，从《云南映象》可以看到：从一个艺术家为传承原生态文化而努力，到更多的有识之士为发扬中国优秀的文化而奋斗；从《云南映象》节目的推出，到《云南映象》一系列产品的有效推介；从《云南映象》归纳出一个舞蹈剧成功的因素，到分析一个文化产业项目成功所必须的条件；从《云南映象》感受到的文化冲击力，到因映象而秀出的一片映象经济学；从《云南映象》看到云南文化产业的崛起，到中国民营企业在世界传播广博的中华文化……祝愿《云南映象》掀起更大的演艺风暴，为云南的文化产业创造更加美好的明天。

3.3.3 CCTV 青年歌手大奖赛

当今观众们打开电视机就会发现，各种演艺比赛或选秀节目充斥着荧屏，并且都举办得声势浩大、如火如荼，吸引了一大批追梦的人去迎合它。这些比赛的主旨和目的都不尽相同，娱乐性不断渗透到了比赛中，其中蕴涵的商业利益也日益浓厚，但其中也不乏纯粹为青年人创造展示平台，选拔优秀演艺人才的比赛，其中中央电视台的青年歌手大奖赛就是这样一个优秀的平台，并成为颇受老百姓关注的赛事。CCTV 青年歌手电视大奖赛创办于 1984 年，它是由国家广播电影电视总局主办、中央电视台承办、各地方电视台协办的一项国家政府级的赛事。青年歌手大奖赛始终坚持以"繁荣音乐创作、推出新人新作、丰富电视银屏"为宗旨，坚持公平、公正和公开评比原则，不断改革创新，使大赛坚持做到了导向正确、专家认可和群众欢迎。大赛每两年举办一届，至 2006 年已举办 12 届。经过多年的发展，青年歌手电视大奖赛已经成为我国规模和影响最大的声乐赛事和中央电视台最受广大观众关注的电视文艺品牌节目之一。CCTV 青年歌手大奖赛的成功固然离不开当今文化事业的勃兴、政府文化部门的重视及社会各界的支持等众多因素，但就大奖赛本身而言，赛事品牌形象定位及品牌经营的独特性和创新性，以及中央电视台在大赛组织、举办过程中对文化发展潮流的紧密把握尤其值得关注。

1. 平民化品牌形象定位——青年歌手最早的"梦想舞台"

随着经济文化事业蒸蒸日上，自 20 世纪 80 年代以来中国的电视机生产量增长迅速，1985 年，中国电视机产量已达 1663 万台，超过了美国，仅次于日本，成为世界第二的电视机生产大国。1987 年，我国电视机产量已达 1934 万台，超过了日本，成为世界最大的电视机生产国。随着电视机在中国老百姓家庭中的普及，我国的影视娱乐业也得到了一定的发展，为了满足人民不断增长的精神文化需要，中国的影视娱乐市场也在逐步发展壮大。从 20 世纪 80 年代到 90 年代初期，电视荧屏上节目类型十分单调，娱乐方式缺乏，而中央电视台的资源处于绝对的优势地位，这一时期的中国娱乐电视节目领域中，中央电视台堪称一枝独秀。

中央电视台创办于 1958 年，前身为北京电视台，作为中国第一家电视台，在中国电视传播事业发展的初期，各方面经验和资源都相对缺乏的情况下，就有着强烈的开拓进取精神，肩负起了作为中国电视业龙头老大的职责，创造了众多的"第一"的纪录，为不断丰富电视荧屏和满足人们的业余文化生活做出了不能磨灭的贡献。1984 年在中央电视台正式鸣锣"开战"的第一届青年歌手大奖赛，是由国家广播电影电视总局主办、中央电视台承办、各地方电视台协办的一项重要的国家级的演唱赛事。这次赛事不仅是第一次在电视上、在观众的眼皮底下举办的歌唱比赛，而且可谓是中国电视赛事的开河之作，这一点，中央电视台的先锋开拓精神又一次体现了出来。

全国青年歌手电视大奖赛是国家级大赛（如图 3-22 所示），自 1984 年举办第一届至今，已成为音乐界一项重大赛事，也是声乐界推出新人新作的重要途径。1984 年的第一届全国青年歌手电视大奖赛不分唱法，评委主要由音乐界和电视界的人士组成，比赛的实况是现场录制后由录像的形式播出。受观众们喜爱和熟悉的众多歌手都是由这次比赛挖掘出来的，如今他们有的可以称为歌唱家，如关牧村、殷秀梅、彭丽媛等都是在本届比赛中脱颖而出的选手。这一届大赛虽然并没有给内地音乐界带来石破天惊的影响力，但是作为央视在第一时间对内地音乐重大变化做出反应的结果，本身就已注定它与内地音乐的不解之缘，也对成就一位歌手有着不可估量的力量，可以说是中国歌手最早的"梦想舞台"。

图 3-22　第 15 届全国青年歌手电视大奖赛

3 活动策划

"梦想舞台"首先是实现梦想的地方,它提供平台让参赛歌手进行实力的佐证,在 20 世纪 80 年代中国的文艺事业开始发展的时候,中央电视台为在改革开放后涌现出的众多青年歌手提供了这个舞台。青年歌手大奖赛这个"梦想舞台"第一次以电视比赛这种公开的形式进行歌手的选拔,这种形式的选拔给比赛增加了很多的优点。首先,由于电视对于观众的直观性,使得比赛的公正性、公开性相对增加,为歌手展示自己创造了一个公平的、良性的平台。其次,由于电视的传播范围广,优秀的歌手和歌曲容易在较短的时间内为观众们所熟悉,有利于歌手知名度的提高和歌曲的传播,如在比赛中脱颖而出的彭丽媛、阎维文、董文华等都迅速红遍大江南北,成为深受观众们喜爱的歌手。再次,由于比赛产生大量优秀的歌手和脍炙人口的歌曲,可以丰富人们的精神文化生活,在这些健康优美的歌声中,人们更增加了对祖国和生活的热爱,发挥了文艺作品对人们精神有积极影响的作用。

所以,众多优秀的歌手对这个"梦想舞台"向往不已,都希望通过体现真正实力的比赛来证明自己,也希望通过比赛取得自己事业上的成功。青年歌手大奖赛也成为造就新星的"摇篮",如今活跃在中国歌坛上的众多老中青歌唱家都是在青年歌手大奖赛之后为观众认识和喜爱的。如图 3-23 所示为获奖选手彭丽媛。

图 3-23　彭丽媛

> **新知识**
>
> **1986 年第二届全国青年歌手大奖赛专业民族唱法一等奖获得者彭丽媛**
>
> 著名歌唱家、中国当代民族声乐代表人、中国第一位民族声乐硕士、中国人民解放军最年轻的文职将军;第八届、九届、十届全国政协委员;中国音乐家协会理事、全国青联常委、中国文联委员;上海师范大学音乐学院兼职教授。总政歌舞团

第一批"国家一级演员",并享受国务院颁发的第一批"政府津贴"。中国音乐家协会理事。彭丽媛现任上海师范大学音乐学院兼职教授。曾先后三次荣立二、三等功。1997年考入中国歌剧舞剧院,曾在《江姐》、《刘胡兰》、《古兰丹》、《韦拔群》、《源水流长》、《灰喜鹊》等多部大型歌剧中担任女主角,曾在大型音乐舞蹈史诗《中国革命之歌》中担任"南湖颂"独唱。代表作有《在希望的田野上》、《珠穆朗玛》、《高天上流云》等。

2. "精品化"营销的品牌优势——中国最权威的音乐赛事

进入20世纪90年代后,中国的电视事业迅速发展,众多的省、市、地方电视台如雨后春笋般涌现了出来,打破了中央电视台一统天下的局面,各地方台都在打造自己的特色精品节目,上海电视台和湖南电视台等在娱乐和音乐节目上都做了大胆的创新,给中国电视的娱乐节目注入了新的活力,也很受观众的喜爱。中国的娱乐市场正处在不断深化、整合的过程中,市场竞争也越来越激烈,而文化娱乐性比赛竞争尤为突出。包括节、赛在内的娱乐性项目想要在激烈的市场竞争中站稳脚跟,品牌定位的准确性与新颖性显得格外重要。中央电视台在这个文化市场中要想仍然占据重要的位置,面临着很多方面的竞争,但是经济的发展也让我们知道,即使是作为中国电视权威的央视也不可能占领所有的电视市场,在这个竞争激烈的娱乐市场中,央视没有随波逐流,而是看清自己的优势和不足,找准自己的定位,在电视市场中牢牢站稳自己的位置,努力做到品牌形象的"精品化"。

在激烈的市场竞争中,央视青年歌手大奖赛同样面临巨大的压力。以2006年为例,2006年的央视青歌赛从一开始就面临残酷的市场竞争。央视经济频道打造的"梦想中国"、上海"雪碧我型我秀"、东方卫视主办的"加油!好男儿"节目,以及湖南卫视的"超级女声"比赛,都对央视青歌赛产生了巨大压力。五大赛事几乎在同一时间播出,为了抢夺观众、提高收视率,其他3个赛事可谓拼足了马力,各自拿出自己的好戏,在节目制作、选歌、服装、灯光、音响以及观众互动作秀等方面,进行全方位的努力,与青歌赛争抢收视率。

为了在激烈的市场竞争中赢得主动,CCTV青年歌手大奖赛在品牌形象定位中实施通俗化、平民化策略,以扩大品牌的感召力,为品牌形象的延伸奠定坚实的基础。为了强化大赛品牌形象的影响力,大赛在实施平民化品牌定位之后,在品牌形象营销中采取了"精品化"战略,在大赛节目制作、选歌、服装、灯光、音响及主持、评委等各个环节使出浑身解数,在保证赛事趣味性、可视性的同时,更注重大赛的权威性,将大赛在"精品化"的品牌营销中与其他电视台的"选秀"节目区别开来。以第12届大赛为例,大赛无论是在节目的制作、歌曲的选择、灯光及音响的配套,还是评委、主持的选择、赛事的监督(监审组的设置),都精益求精力求大赛的高质量和权威性。据一项调查显示,青歌赛以其权威性和首次创新的命题对答,抢占了电视收视风头。第 12 届青年歌手大奖赛从 2006 年 5 月 1 日起在全国现场直播,到 5 月 10 日,共进行了 10 场团体赛总决赛,全国观众反应热烈,10 天来收看观众超过一亿,正如青歌赛的一位负责人向媒体透露的那样:"青歌赛从个人单项决赛开始,除美声唱法太高雅收视稍微弱一点以外,每晚的收视观众至少都在 5000 万以上,通俗唱法最高一晚突破 1 亿观众,其火爆场面仅次于央视春节联欢晚会。"此外,收看青年歌手大奖赛的都是有一定文化层次的人(大部分是大专以上学历),比较而言,收看超级女声的大多数是青少年,而收看"梦想中国"的则有相当一部分是中年以上观众。正是青歌赛的权威性、公正性及赛事形式的新颖性,才吸引了众多具有较高学历的观众。曾连续担任过 4 届央视青年歌手大赛评委的著名男中音歌唱家廖昌永也表示,"超女"只是一个娱乐节目,与艺术性没有太大的联系,但"青歌赛"则是有助于提高整个青年歌手的素质。所以说,中国青年歌手电视大奖赛是目前国内影响最大、权威最高、最具公信力的音乐赛事。正是大赛对赛事精益求精,最大限度地保证比赛的质量和权威,确保大赛品牌的"精品化",大赛才在平民化品牌形象定位的基础上,实现了品牌价值的"贵族化"。

所以,"青歌赛"能够成功是缘于它的舞台有着得天独厚的品牌优势,它依靠着中央电视台这个强大的基础。而中央电视台适时的改革使它的这个优势更加明显,首先是它的权威性高、赛事级别高,"青歌赛"是一项国家级的赛事,从主办单位到承办单位都是文化、文艺界的权威部门,它的影响力是显而易见的。其次,"青歌赛"的评判也相当权威和公平,历届大赛的评委会都是由声乐教育、演唱、理论、评论、创作以及音乐指挥、电视艺术和文化学术界的众多权威专家组成,并且从第 9 届开始大赛还设有监审组,由中央电视台和中国音乐家协会相关部门负责人及德高望重的音乐专家组成,对大赛规程及评委评判进行全程监督。再次,"青歌赛"历史悠久,"青歌赛"从 1984 年开始举办,每两年一届,至 2007 年已经成功举办了 12 届,在观众当中具有广泛深远而又良好的影响,是其他比赛可望而不可即的,它受到各方观众的关注。这样的"舞台"同样对参赛歌手提出了很高的要求,歌手面前是机遇也是挑战,只有拥有扎实的基本功和良好的演唱技巧的歌手才能在比赛中脱颖而出,这也形成了"青歌赛"的另外一个突出的亮点,那就是参赛歌手的演唱水平突出。另外,加上中央电视台灵活的改革使"青歌赛"更加适应现在观众的要求。凭着央视的权威和高雅,"青歌赛"赢得了自己的观众群。

3. 灵活的品牌经营——在创新中发展

中央电视台特殊的身份决定它的形象是严肃、权威和健康的大众娱乐,严肃性体现在新闻综合等频道,它是国家和政府的重要喉舌。权威性则体现在发布信息的准确性和对各类事务评审的专业性上等,而中央电视台的娱乐节目则是要引导大家选择健康的日常生活和精神生活方式。这些特点使中央电视台给人们一种很正面的形象,让观众有一种信任感,这是好的方面。而另一方面则给人造成一种枯燥呆板的印象,又和观众产生了距离感。基于这样的特点,央视不断地发挥优势和进行改革创新。

会 展 策 划

　　CCTV青年歌手大奖赛自1984年首次举办以来，以创新性的灵活经营模式保证大赛品牌的成功经营和推广。从第一届大赛（1984年）至今，每一届都体现了新的变化和新的元素。

　　第一届大赛不分专业组、业余组，不分唱法，录像播出，参赛选手均是当时全国最优秀的青年歌手，关牧村、殷秀梅、彭丽媛等脱颖而出。第二届大赛开始按专业和业余划分组别，同时首次划分美声、民族、通俗3种唱法，并且将录像播出改为现场直播，形成了赛事的基本形式，这种形式一直沿用到第11届，其中对唱法的划分，确立了中国声乐的长期格局，催发了一大批青年歌手和优秀作品的问世。第8届大赛再次进行改革，增加团体比赛和综合素质考核，增加由观众投票评出的演唱特别奖，使观众的意愿得以体现在大赛中。随后的第9届大赛，又进行了第3次改革，增设监审组，使大赛在公平机制上得到了进一步完善；同时，"开辟第二现场"，搭建了赛场与观众互动的平台；此外，一批新生代音乐人和歌唱家登上评委席，揭开了大赛一个新的生命周期，由观众投票评出"观众最喜爱歌手"奖，也使大赛具有了观众观念。在第10届大赛中，少数民族歌手大获丰收，来自西藏的牧羊姑娘索朗旺姆一举夺冠，"阿里郎组合"从此成了朝鲜族歌手的代名词；第十二届大赛，原生态歌手的集体登场，为中国歌坛又吹进了一股清新的风。

　　而2006年的青年歌手大奖赛面对来自全国各大电视台的选秀风暴，激烈的市场竞争迫使央视青歌赛不得不在大赛品牌定位中更加别出心裁，大胆创新，以平民化的品牌形象吸引观众，用新颖的市场定位取得竞争优势。

　　为了能够做到上述方面，2006年度举办的第12届青年歌手大奖赛进行了更大的创新和改革。一方面，"青歌赛"首次不设门槛。以往11届赛事都分为职业歌手和非职业歌手两大类别，2006年首次不分职业歌手和非职业歌手而混合组队，除了年龄依旧有限制之外，其余都是面对社会广泛选择人才。另一方面，演唱类别有所增加。本届大赛在美声、民族、通俗3大类别的基础上，增加了原生态和组合演唱两个类别，演唱风格更加丰富，比赛的紧张感得以增加，比赛色彩也因此更加丰富。个人单项决赛由往届的每种唱法一场增加到3轮4场，使更多的选手进入决赛圈，比赛由此充满了悬念。"原生态唱法"从民族唱法中独立出来，在增加比赛演唱形式的同时，进一步弘扬了民间文化；同样，"组合演唱形式"从通俗唱法中独立出来，也有利于鼓励通俗唱法品种的多样性。

　　中国中央电视台在青年歌手电视大奖赛的策划与实施中，紧扣我国建设社会主义先进文化的时代潮流，坚持先进性与通俗性相结合的原则，使大赛的举办具有坚实的客观基础。青歌赛不是以奇特庸俗来吸引观众，相反大赛节目制作健康，比赛公开、公正、公平，中央电视台在确保大赛健康、积极的同时，增强娱乐性与趣味性，既提倡大赛的高质量，也注重比赛的通俗性，为大赛在激烈的市场竞争中站稳脚跟，实现品牌的延伸创造了条件。

　　对于这些改革，难以否认，CCTV青年歌手大奖赛在品牌形象的改革中也受到超级女生的影响，借鉴了超级女生的一些经验，如大赛报名不设门槛、进行"海选"等,但是这些做法不仅没有对大赛的形象定位产生负面影响,反而使大赛以平民化的姿态出现在全国观众面前,在增加观众亲切感的同时,也扩大了大赛的参与面。因此,第12届大赛的参与面之广,参赛人数之多,品种之丰富,特色之鲜明,均为历届之最。参与面的扩大,在保证大赛品牌推广的同时,进一步强化了大赛品牌的影响力,为大赛品牌形象的树立、品牌价值的深化、延伸奠定了基础。另外,中国民间文艺家协会也为在大赛中设置原生态演唱组别表示了肯定,认为是一次很有意义的尝试这有利于中国民间文艺的传承,也有利于世界口头与非物质文化遗产的保护与发展。中国民俗学会、中国传统音乐学会、中国戏曲音乐学会等专业学术团体认为:"中华民族以多元一体格局共存,而原生态演唱形式正是现实生活的舞台反映。民间歌手能站在媒体上传播自己的民族文化,可以增强他们的自豪感和自信心。"

　　CCTV青年歌手大奖赛是在不断改革和创新中发展的,这种改革和创新一方面巩固了大赛的权威性,提高了大赛的水平;另一方面也增加了大赛的趣味性和可看性,保证了大赛勃勃的生机与活力,第十二届大赛中余秋雨等评委生动幽默的专业点评让观众和选手在紧张中得到了一丝轻松。这些改革进一步巩固和确立了青年歌手大奖赛的定位与风格,在全国众多的选秀比赛中独树一帜,是追求权威、专业、高水平的比赛,为选拔优秀的演唱人才,促进我国的音乐水平,促进我国民族文化的发展与繁荣,提高观众的欣赏水平做出了不能替代的贡献。

4. 评析

　　CCTV青年歌手电视大奖赛凭借着中央电视台这个优势平台,不断地改革创新,保持了20年不衰的光辉形象,大赛发展至今已经成为目前中国影响最大、权威性最高、公信力最强的音乐赛事。概括而言,青年歌手电视大奖赛的成功之处主要有以下几点。首先,"低门槛"的平民化形象定位。大赛旺盛的生命力与其"低门槛"的平民化形象分不开,正是大赛"低门槛"的定位思路保证了大赛广泛的群众参与度,为大赛品牌形象的推广、深入观众奠定了基础。其次,"低门槛,高质量"的品牌营销战略。大赛实施"低门槛,高质量"的品牌营销战略,以及创新性品牌经营在保证大赛品牌平民化的优势地位的同时,实现了大赛品牌价值的提升,为大赛高水平、专业化形象价值的延伸提供了保障。

课后练习题

简答题

(1) 简述中国广告节的发展历史。
(2)《云南映象》定位的成功之处是什么?
(3) 简答青歌赛的背景分析。

项目小结

通过本项目的学习,学生可以了解并掌握不同类型会展活动策划的要素和技巧,它包括开/闭幕式及开/闭幕酒会的策划流程和基本要素,论坛、专业研讨会、行业峰会和技术交流会的策划流程和基本要素以及表演、比赛及其他相关娱乐活动的策划技巧。在案例分析中以多个国家级的会展活动为背景来剖析会展活动与会展之间的相互关系。学生可以以个为或团队为单位进行会展活动的开发和策划工作。

参 考 文 献

[1] 华谦生. 会展策划与营销[M]. 广州：广东经济出版社，2004.
[2] 陈锋仪. 2007年以来中国国内会展研究综述[J]. 西安邮电学院学报，2011，02：95-99.
[3] 张金. 会展实务[M]. 重庆：重庆大学出版社，2007.
[4] 杨瑞，蒋家宁. 论我国会展业发展模式存在问题及对策[J]. 科技信息，2011，22：618.
[5] 郝臻. 国内会展教育研究综述及问题探讨[J]. 四川职业技术学院学报，2011，05：61-63.
[6] 程瑞，洪二丽. 安徽省高职院校会展专业人才培养问题及策略[J]. 韶关学院学报，2011，11：194-198.
[7] 吴源. 广州高职会展专业人才培养问题探析[J]. 广州番禺职业技术学院学报，2011，06：49-52.
[8] 李铁成，刘力. 我国会展经济发展的新特点及对策[J]. 经济纵横，2012，07：80-83.
[9] 方忠. 会展经济理论研究述评与展望[J]. 宁波大学学报（人文科学版），2009，05：73-77.
[10] 沈丹阳，陈泽炎. 中国会展经济理论观点述评[J]. 商业研究，2009，09：111-115.
[11] 张宏乔. 会展旅游发展层次及影响要素分析——以郑州市为例[J]. 科技信息，2009，24：5-6.
[12] 李瑶亭. 国内外会展业理论研究综述[J]. 经济论坛，2009，19：16-19.
[13] 赵军红. 高职院校会展专业产学合作教育模式初探[J]. 科技情报开发与经济，2009，31：153-155.
[14] 易小力. 会展教育与实践的问题与对策[J]. 社会科学家，2010，02：98-100.
[15] 李力，余构雄. 近十年来国内会展旅游研究回顾与展望[J]. 旅游论坛，2010，03：324-329.
[16] 王春雷. 项目驱动型会展专业人才培养模式研究——以上海师范大学会展经济与管理专业为例[J]. 旅游科学，2010，06：84-92.
[17] 陈天培，王东强. 应用型高校会展专业人才培养探讨[J]. 职教论坛，2008，18：38-40.
[18] 曾亚强，张义. 从会展内涵、外延看会展理论的几种观点[J]. 晋阳学刊，2007，01：49-52.
[19] 刘耿大. 会展旅游概念内涵及发展历史探析[J]. 桂林旅游高等专科学校学报，2007，01：93-96.
[20] 张启伦. 试析会展企业客户满意度与参展率的关系[J]. 北京市经济管理干部学院学报，2007，03：30-34.
[21] 陈欢. 会展活动策划模式的发展趋势[J]. 新闻界，2007，05：102-103.
[22] 周春跃. 中国会展业发展对策研究[J]. 北京第二外国语学院学报，2004，05：42-51.
[23] 魏苏妹. 会展管理中的文化维度研究[J]. 经营管理者，2012，24.
[24] 刘松萍，李晓莉. 会展营销与策划[M]. 北京：首都经贸大学出版社，2006.

北京大学出版社高职高专旅游系列规划教材

序号	标准书号	书　名	主　编	定价	出版年份	配套情况
1	978-7-301-19028-9	客房运行与管理	孙亮，赵伟丽	33	2011	电子课件，习题答案
2	978-7-301-19184-2	酒店情景英语	魏新民，申延子	28	2011	电子课件
3	978-7-301-19034-0	餐饮运行与管理	檀亚芳，王敏	34	2011	电子课件，习题答案
4	978-7-301-19306-8	景区导游	陆霞，郭海胜	32	2011	电子课件
5	978-7-301-18986-3	导游英语	王莹	30	2011	电子课件，光盘
6	987-7-301-19230-6	酒店市场营销	赵伟丽，刘天飞	36	2011	电子课件
7	978-7-301-19029-6	品牌酒店英语面试培训教程	王志玉	22	2011	电子课件
8	978-7-301-18893-4	茶文化与茶艺	檀亚芳，刘学芬	38	2011	电子课件，光盘
9	978-7-301-19337-2	会展概论	崔益红	28	2011	电子课件
10	978-7-301-19963-3	前厅服务与管理	黄志刚	28	2012	电子课件
11	978-7-301-19955-8	酒店经济法律理论与实务	钱丽玲	32	2012	电子课件
12	978-7-301-19932-9	旅游法规案例教程	王志雄	36	2012	电子课件
13	978-7-301-20477-1	旅游资源与开发	冯小叶	37	2012	电子课件
14	978-7-301-20459-7	模拟导游实务	王延君	25	2012	电子课件
15	978-7-301-20478-8	酒店财务管理	左桂谔	41	2012	电子课件
16	978-7-301-20566-2	调酒与酒吧管理	单铭磊	43	2012	电子课件
17	978-7-301-20652-2	导游业务规程与技巧	叶娅丽	31	2012	电子课件
18	978-7-301-21054-3	旅游行业礼仪实训教程	李丽	37	2012	电子课件
19	978-7-301-20884-7	酒店信息化与电子商务	袁宇杰	24	2012	电子课件
20	978-7-301-21137-3	旅游法规实用教程	周崴	31	2012	电子课件
21	978-7-301-21559-3	饭店管理实务	金丽娟	37	2013	电子课件
22	978-7-301-21891-4	酒店情景英语	高文知	36	2013	电子课件，听力光盘
23	978-7-301-22187-7	会展概论	徐静	28	2013	电子课件，习题答案
24	978-7-301-22316-1	旅行社经营实务	吴丽云，刘洁	28	2013	电子课件
25	978-7-301-22349-9	会展英语	李世平	28	2013	电子课件，mp3
26	978-7-301-22777-0	酒店前厅经营与管理	李俊	28	2013	电子课件
27	978-7-301-22416-8	会展营销	谢红芹	25	2013	电子课件
28	978-7-301-22778-7	旅行社计调实务	叶娅丽，陈学春	35	2013	电子课件
29	978-7-301-23013-8	中国旅游地理	于春雨	37	2013	电子课件
30	978-7-301-23072-5	旅游心理学	高跃	30	2013	电子课件
31	978-7-301-23210-1	旅游文学	吉凤娟	28	2013	电子课件
32	978-7-301-23143-2	餐饮经营与管理	钱丽娟	38	2013	电子课件
33	978-7-301-24102-8	中国旅游文化	崔益红，韩宁	32	2014	电子课件
34	978-7-301-24396-1	会展策划	高　跃	28	2014	电子课件，习题答案

　　相关教学资源如电子课件、电子教材、习题答案等可以登录 www.pup6.cn 下载或在线阅读。

　　扑六知识网(www.pup6.com)有海量的相关教学资源和电子教材供阅读及下载(包括北京大学出版社第六事业部的相关资源)，同时欢迎您将教学课件、视频、教案、素材、习题、试卷、辅导材料、课改成果、设计作品、论文等教学资源上传到 pup6.com，与全国高校师生分享您的教学成就与经验，并可自由设定价格，知识也能创造财富。具体情况请登录网站查询。

　　如您需要免费纸质样书用于教学，欢迎登陆第六事业部门户网(www.pup6.com.cn)填表申请，并欢迎在线登记选题以到北京大学出版社来出版您的大作，也可下载相关表格填写后发到我们的邮箱，我们将及时与您取得联系并做好全方位的服务。

　　扑六知识网将打造成全国最大的教育资源共享平台，欢迎您的加入——让知识有价值，让教学无界限，让学习更轻松。

　　联系方式：010-62750667，37370364@qq.com，linzhangbo@126.com，欢迎来电来信咨询。